ギャングを抜けて。

僕は誰も殺さない

工藤律子
Ritsuko Kudo

合同出版

ホンジュラス第２の都市、 サン・ペドロ・スーラの中心に建つカテドラル。 正面中央は国旗。

メキシコや中米の主食、トルティージャをつくる女性。（メキシコ・チアパス州）

リベラ・エルナンデスのスーパーマーケット。
アンドレスの祖母もよく買い物に行った。

＊ 10 歳のアンドレス。 クリスマスの日に家の前の長屋の入り口で。 ここで後に、 彼とよく似た少年が殺された。

＊ 11 歳のアンドレスと親友のルディ（左）。 この後、 ルディはギャングにならずに他県へ引っ越した。

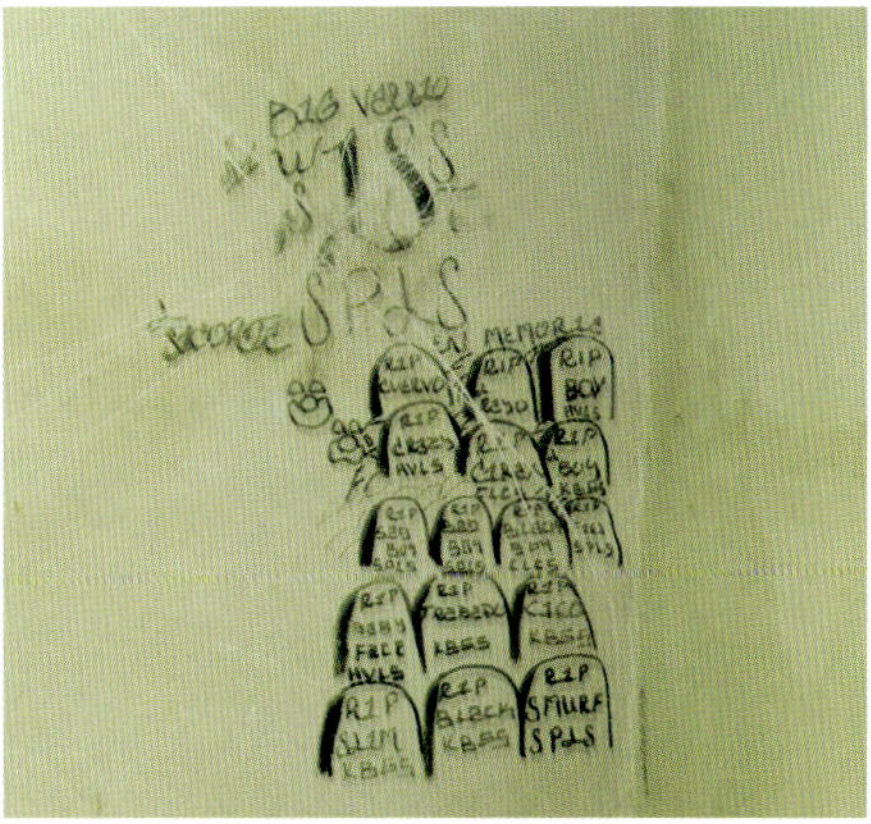

マラスのアジトの壁に描かれた、 死んだ仲間の墓石。

NGO施設にいた頃のアンドレス（18歳）。腕のタトゥーの星に続く3つの点は、「見る、聞く、黙る」を意味するという。

職場であるホテルの近くのカフェで友人と話すアンドレス（19歳）。

都市の貧困地域（スラム）に常駐する軍警察。

スラムで警察と軍警察に職務質問をされる青年（マラスメンバー）に、ギャングの更生に尽くす牧師（左端）が手を差しのべた。

＊アンドレスのお母さんと異父妹アビガイル。（2017年）

タコス・アル・パストール（奥の左端に見えるグリル肉を使ったタコス）で有名なタコス・レストランでウエイターをするアンドレス（20歳）。

メキシコシティの周縁部、 丘の斜面に広がるスラム街。

ギャングを抜けて。

僕は誰も殺さない

この本をよむみんなへ

僕はアンドレス、20歳。

今、メキシコの首都メキシコシティに住んでいる。メキシコは、アメリカ合衆国のすぐ南にある国で、僕の祖国ホンジュラスとは比べものにならないほど、大きな国だ。面積は、みんなが住んでいる日本の5倍くらいあるし、人口も1億人を超える。

ホンジュラスはというと、メキシコよりも南の、北アメリカ大陸と南アメリカ大陸の間に位置する「中央アメリカ」＝「中米」にある小さな国で、日本の3分の1程度の大きさしかない。人口も900万人ちょっと。経済的にとても貧しい国だ。

そのホンジュラスで2番目に大きな都市が、僕の故郷、サン・ペドロだ。地元ではみんな、「サン・ペドロ・スーラ」を略して、そう呼ぶ。75万人くらいの人々が住んでいる町だ。メキシコとホンジュラスの間にあるグアテマラとの国境に近く、海もすぐそば。僕が大好きな美しいカリブ海に面した町、プエルト・コルテスまで、車で1時間ほどで行ける。亜熱帯気候だから、一年中ランニングシャツ1枚ですごせるほどあたたかくて、豊かな自然に恵まれた、すてきな所だ。

——と言いたいところだけれど、現実には、町の大部分が貧しい人たちの質素な家が並ぶ「スラム」で、活気がなく、しかも危険な空気に満ちている。スラムというのは、多くの場合、お金がなくて、まともな家を借りたり買ったりできない人が、勝手に空き家や空きビルに住み着いたり、使われていない土地を占拠して家を建てたりしてできた、貧困地域のことだ。あっという間に、大勢の人が住み着く。

それに比べると、メキシコシティは、スラムもあるとはいえ、ものすごく都会で、中心街にはブランド店や豪華なホテル、高層のオフィスビルなどが建ち並ぶ、にぎやかな街だ。人口も2000万人以上らしい。世界有数の大都市だ。

僕は16歳のとき、故郷を離れ、ひとりでここまでやってきた。着の身着のままの旅の果てに、たどり着いたんだ。なぜそんなことをしたのかって？　それはギャング団から逃れるため。人殺しにならないためさ。

Contents

■この本に出てくる中南米の地域

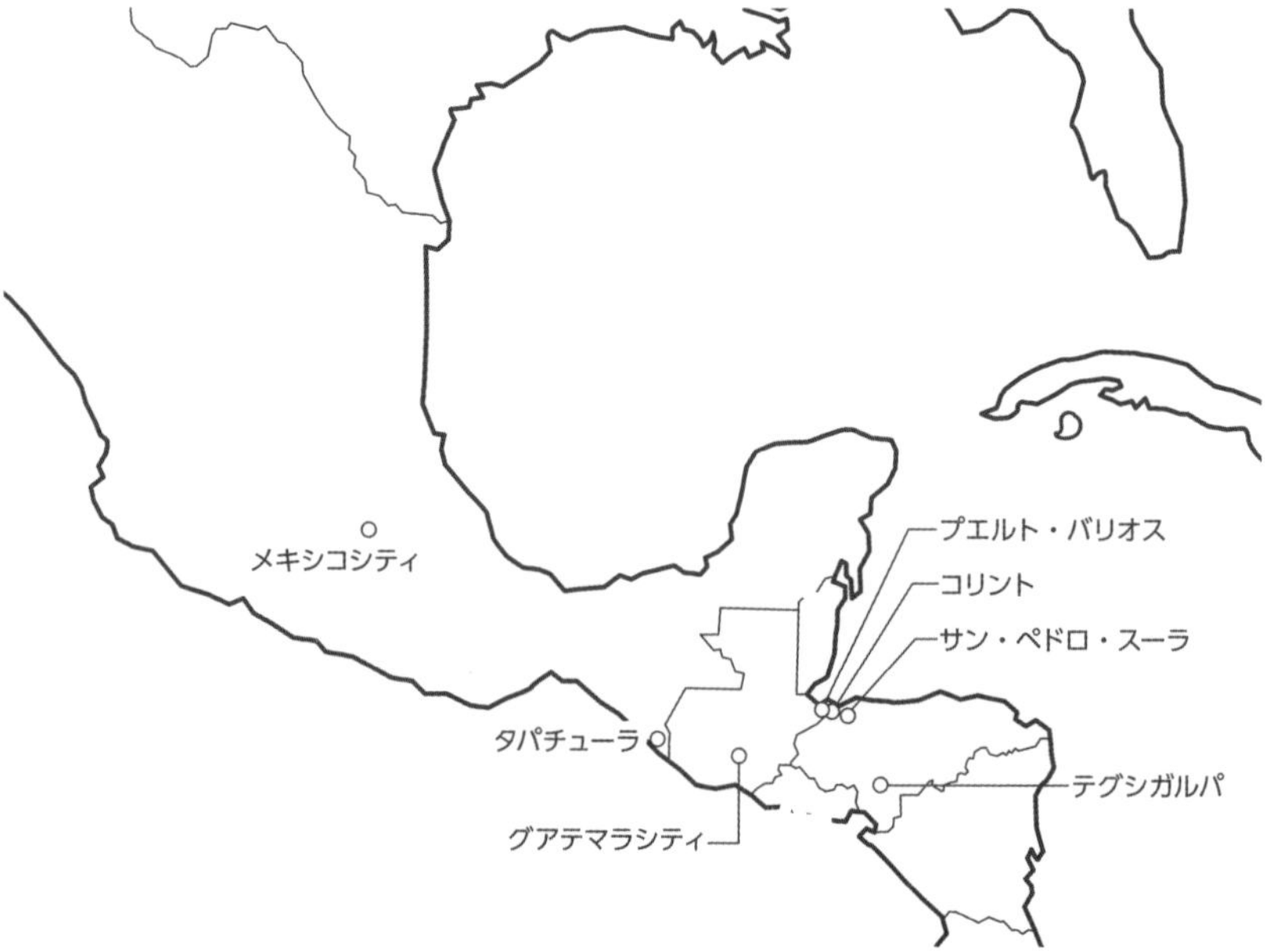

1 ギャングが支配する町

僕が旅に出た当時、サン・ペドロは、世界一殺人事件の発生率が高いことで知られる町だった。いたるところに「マラス」と呼ばれる若者ギャング団がいたからだ。彼らは今も、町の多くのスラムを支配している。

マラスは、国際的に知られるメキシコやコロンビアの麻薬密売組織、いわゆる「麻薬カルテル」と手を組んでマリファナやコカインを売ったり、ライバルのマラスと武器を使って縄張り争いをしたり、人々からお金を巻き上げたりする。ときには、お金のために人殺しを請け負うことも。ズバリ、犯罪者集団だ。

サン・ペドロだけでなく、ホンジュラス全体、いや中米のほかの国々、たとえばホンジュラスのとなりのエルサルバドルやグアテマラでも、幅を利かせている。アメリカ合衆国にもいるらしい。

マラスはもともと、向こうのカリフォルニア州で生まれたんだ。ホンジュラスには、

3万人以上のメンバーがいるという。首都のテグシガルパとサン・ペドロが、彼らの中心拠点になっている。

マラスは、とにかく凶悪なギャング団で、彼らが支配している地域では、毎日のように人が死んでいる。ひどい状況さ。サン・ペドロに住んでいたころ、僕もその真っただなかにいた。でも、幼いときはそんなこと、あまり気にしていなかった。だってまわりの人たちはみんな、マラスに関わっていたから、細かいことまで考えていなかったんだ。というか、怖いから、悪い面は見ないようにしていたのかもしれない。無意識のうちに、ありふれた風景、日常の出来事として受け入れようとしていたんだと思う。それだけマラスの存在は、「当たり前」のことになっていた。

僕が生まれたリベラ・エルナンデス地区は、サン・ペドロの中心から車で東のほうへ20分ほど走ったところにある、大きなスラムだ。見た感じ、町というよりはむしろ、どこかの田舎の村のようで、家々のまわりにはたくさんの木や草花が生えている。道はメインストリート以外、ほとんど舗装されていないし、ガスや水道も十分には普及していなかった。本当に貧しい人たちが暮らしているんだ。リベラ・エルナンデスは、サン・ペドロでもマラスが最も勢力を振るっている場所だった。つまり、「世界一危険な地区」ってことだ。

アンドレスの故郷、リベラ・エルナンデスのメインストリートの一つ。左手に小学校、この道の手前に軍警察の検問所がある。

リベラ・エルナンデスには、3つの大きなマラスが存在していた。MS（正式名は、マラ・サルバトゥルーチャという）と18（正式名は、バンディージャ・デ・ラ・カジェ・ディエシオチョという）、それから「バスト・ロコス」。

どれもホンジュラス中にメンバーがいるギャング団で、MSと18は「中米の2大マラス」と呼ばれるほど、大きな組織だ。

3つのマラスは常に、縄張りをめぐって抗争を繰り返している。抗争の結果しだいで、僕たちが住んでいる地区やブロックの「支配者」が、めまぐるしく変わっていた。あるときはMSの支配下にあったかと思うと、急に18の支配になったり、そのあとにバトス・ロコスが入ってきたりするんだ。どのマラスが来ても、結局は地区のほとんどの人間が彼らに従うことになった。

たとえばティーンエイジャーの場合、男子ならメンバーになり、女子ならメンバーの恋人になる。地域でお店を開いて商売をしている人たちは、彼らに「税金」を払わなければならない。どの場合も、逆らうと脅されたり、ひどいときには殺されたりする。イヤとは言えないんだ。その一方で、ギャングはカッコいいと思って、自分から進んでマラスのメンバーになる少年たちもいる。

ホンジュラス最大（2017 年現在）の刑務所の入り口。ここに、マラスの大ボスたちがいた。刑務所内では、MS と 18 のメンバーは抗争しないように、別々の建物に収容されている。（首都テグシガルパの北西約 30 キロ）

スラムにいるマラスのメンバーに指示を出しているのは、刑務所に入っている大ボスたちだ。彼らは何年も前に警察に捕まって、服役している。刑務所のなかには、ほかにも逮捕されたマラスのメンバーが大勢いるから、大ボスは塀のなかでも仲間を組織して、麻薬の売買とかの犯罪行為を続けているんだ。同時に、「外」にいるメンバーと連絡をとって、スラムでの仕事の指示を出す。指示は、外で活動している「ホーミー」と呼ばれるリーダーたちに伝えられ、ホーミーからその指揮下にある「パイサ」へ、パイサからさらに下っ端へと指示が行くわけさ。

ホーミーたちは、自分たちの縄張りがあるスラムの一番端のほう、犯罪のメインステージからは少し離れた所に住んでいる。スラムの出入り口や真ん中は、警察が検問や巡回を実施しているからだろう。

ホーミーから携帯電話で指示を受けながら、支配地域で実際にギャング団の仕事をしているのは、パイサや下っ端ども、それに特別な命令で動く暗殺部隊だ。暗殺部隊というのは、防弾チョッキを身に着けた殺し屋たちのこと。彼らは最近、中米にも勢力を拡大してきたメキシコの麻薬カルテルから武器を与えられているから、警察並みに武装している。本物の警察だって、彼らを怖がっている。それどころか、グルになって悪事を働き、お金儲けをする警官だっているくらいだ。

そもそもマラスが今のように武装した、凶悪なギャングの集団になったのも、政府がその存在をうさん臭がって、警察や軍を使ってひどく弾圧したからだ。リベラ・エルナンデスで「マラス」という名前が初めて聞かれるようになったころ、彼らはタダのちょっとイカれた、でもカッコいい今どきの若者の集団だった。なのに、マラスっぽいタトゥーをしているというだけで警察に殴られたり、逮捕されたり、暗殺されたりするようになってから、自衛のために武装し始め、メキシコの麻薬カルテルともつながった。カリフォルニア州にいるマラスの本家からも、抗争をけしかけられたらしい。

麻薬カルテルは、アメリカ合衆国でよく売れるマリファナやコカインといった麻薬を、南米で手に入れて、ホンジュラスやグアテマラ、メキシコを経由してアメリカ国内に密輸している。サン・ペドロは、ちょうど密輸される麻薬の通り道なんだ。だからマラスが、お金や武器を手に入れるために、彼らの手伝いをするようになった。

僕の父さんも、実はマラスの仕事をしていた。たぶん僕が4、5歳のときからだと思う。18の麻薬密売の仕事を請け負っていたんだ。父さん自身、若いころからよくマリファナを吸っていたようだしね。

もともとはホンジュラス空軍の軍曹だったんだ。幼い僕にとっては、憧れの父親だった。強くてたくましい男のイメージだったから、いつか父さんのようになりたいと思っていた。その思いは、父さんがギャング団の下で麻薬を売り歩くようになってからも、変わらなかった。

友だちのなかにも、やはり父親が18のメンバーで、それに憧れている子がいた。僕のまわりには、父親でなくても兄弟や親戚の誰かがマラスのメンバーとして危ない仕事を請け負い、大金を稼いでいるのを見て、自分もそうなりたいと考える子どもは、結構いたんだ。僕も単純に、父さんはカッコいいと思っていた。

でも今思えば、父さんのせいで、僕たち家族は貧乏暮らしを強いられていたのかもしれない。というのも、僕が小さかったとき、父さんはまだ軍人としてまともな給金をもらっていたはずなのに、僕たち家族は信じられないほどみすぼらしい部屋に暮らしていたんだ。きっと稼ぎの大半を、自分の麻薬代に使ってしまっていたんだろう。

父さんと母さん、2つ年上の兄さんと僕が住んでいたのは、通路を挟んで小さな部屋がいくつも並んでいる「長屋」のような所だった。僕はよく覚えていないんだけれど、11歳のときに一度、母さんが「昔はここに住んでいたのよ」と、そこへ連れていってくれた。

そのとき初めて、ほとんど何もない狭い部屋に4人で住んでいたと知った。リベラ・エルナンデスのなかでも、特に貧乏な家庭だったかもしれない。

僕は、1997年2月3日に、その慎ましい部屋で生まれた。病院ではなく、自宅で近所に住んでいる助産師さんに取り上げられたんだ。近くに病院はないし、行くには車が必要だけれど持っていないし、タクシー代を払うお金もなかったからさ。貧しい家庭ではたいてい、出産のとき、助産師さんを呼んでいた。

僕が生まれたあと、家族は少しマシな住まいに引っ越した。小さな木造の家だ。でも、そこにも水道や電気、ガスはなかった。電気は近くの電線にラインを引っかけて盗電していたし、水は週に数回、給水車が運んでくるのをバケツで買ってきて、家のそばにある貯水槽にためて使っていた。一度沸かして殺菌したものを、飲んだり料理に使ったりした。シャワーもなかったので、貯水槽の水をバケツにくんできて水浴びをしたものだ。

料理をするときは、ガスコンロはないので、灯油を燃やす簡単な調理器具を使っていたよ。布に灯油をたっぷり浸みこませて、缶のなかに入れて、いくつも穴をあけた金属板のふたをして、火をつける。その上に鍋を置くんだ。ガスボンベやガスコンロは高かったから、買えなかった。

そんな生活をしている最中に、母さんが家を出て行ってしまった。僕が4、5歳のときだ。ある日突然、僕たちの前から消えた。そうさ、僕と兄さんは母さんに捨てられたんだ。なぜ捨てられたのか、本当のところはわからない。僕自身は小さすぎて、当時のことをあまりくわしくは覚えていないからね。ただ、父方のおばあちゃんによれば、父さんが麻薬をやりすぎて、ハイになっては母さんに暴力を振るったので、それに耐えられずに出て行ったという話だった。

11歳になったころ、母さんと再会することができて、たまに話をするようになると、母さん自身も家出の理由をおばあちゃんと同じように説明した。ただ、僕には父さんが母さんに暴力を振るっているのを見た記憶が全然ない。兄さんに聞いても何も話してくれないし、真実はわからずじまいだ。

母さんが出て行ってしまってからしばらくして、父さんはほかの女性と付き合い始めた。僕たちは、その女性、イングリットと4人で暮らすようになった。幸い、イングリットは父さんより7歳年下の優しい人だったので、僕たちはそれなりにうまくやっていたんだ。

でもしだいに、父さんは僕たちの面倒をみなくなった。空軍を辞めて麻薬を売って稼いでいても、お金はすべて自分のために使ってしまうから、僕たちを養う分がなかったんだろう。7歳になるかならないかで、僕は兄さんと2人、同じリベラ・エルナンデスに住むおじいちゃんとおばあちゃんの家に預けられることになった。父さんの両親のところだ。

おじいちゃんは、大工に左官、溶接工、何でもできる人だった。おばあちゃんは、自宅で「トルティージャ」をつくって売る店を開いていた。トルティージャとは、挽いたトウモロコシを水でねり、平たくのばして焼いたもので、ホンジュラスやグアテマラ、エルサルバドルといった中米の国々はもちろん、メキシコでも主食とされている食べ物だ。2人ともまじめに働いていたから、僕たち兄弟を食べさせるくらいの収入はあった。

＊アンドレスのおばあちゃん、ナティビダーさん。

僕と兄さんは、そこで暮らしながら小学校へ通い、ときどきは父さんを訪ねていた。父さんは、僕たちを実家の両親に預けて、恋人のイングリットを連れて家賃のより安い長屋に引っ越し、２人きりで生活していた。イングリットはそれからまもなくして、父さんの子どもを妊娠したんだ。僕にはまもなく、ちょっと歳の離れた弟か妹ができるはずだった。

2 ディスコの悲劇

おじいちゃんとおばあちゃんは、一つの敷地のなかに小さな3軒の家を持っていた。そこに、自分の子どもたち、つまり父さんのきょうだいとその家族を住まわせていた。彼らはみんな、父さんと違って、おじいちゃんやおばあちゃんと同じようにまじめで、信心深い人たちだった。僕も兄さんも、前よりも穏やかな暮らしができた。兄さんにとっても居心地はよかったようだ。

毎週日曜日になると、家族で教会のミサに出かけた。家からバスで少し行ったところに、大きなプロテスタントの教会があるんだ。おじいちゃんとおばあちゃんは特に信仰心が深くて、牧師さまの話に熱心に耳を傾けていた。まだ子どもでやんちゃだった兄さんも、僕よりはまじめに説教を聞いていた。僕はあまり興味がなかったから、教会まで行っても外に座りこんで友だちとおしゃべりをしていた。

それでも、おじいちゃんとおばあちゃんのことは大好きだったから、よく話してくれた聖書の内容は気に留めていたよ。母さんがいなくなってからの僕にとって、おばあちゃんは母親代わりだったしね。「おばあちゃん」といっても、まだ50歳そこそこと若かった。いつも「ママ」と呼んでいたんだ。そう呼べる人が欲しかったからだと思う。でもおばあちゃんは、本物の母さんとは、性格も振る舞いもまったく違う。

というのも、僕の母さんは、そうとう変わった人なんだ。とても攻撃的で、強引な女性。大きくなって再会してから気づいたんだけれど、とにかく誰でも自分の思い通りにあやつろうとする人だった。母さんに言わせれば、

「こうなったのは、あなたのお父さんのせいよ」

父さんが暴力を振るったから、力でねじ伏せようとする男どもに打ち勝つには、自分が相手を支配するしかないと考えた、っていうんだ。それが本当の理由かどうかは、わからない。でも、母さんは実際に父さんのほかに恋人をつくっては、その男性に対しても好き勝手に振る舞い、何事に関しても自分が主導権を握らないと気が済まない性格だった。

あとで知ったんだけれど、母さんには僕たち以外にも、ほかの男性との間にできた子どもが3人もいるんだ。その子たちも、僕たちと同じように、途中で捨てられてしまった。母さんは、そんな「クレイジーな人生」を歩み続けることを選んだのさ。

僕は最近、その子たちと、つまり父親が違う弟や妹とSNSのフェイスブックでつながった。彼らは僕よりも年下だ。一番上の子が6歳下で、真んなかは8歳下、一番下の子とは11歳違う。3人とも今は実の父親と暮らしているらしい。彼らのお父さんは、僕の父さんと違って、親としての責任感をちゃんと持っている人のようだ。

僕と兄さんのおじいちゃん、おばあちゃんとの生活は、平穏に続いていた。ところが、あるとき、信じられない不幸が、僕たちを襲った。僕はまだ9歳だった。

その日、父さんは恋人のイングリットと一緒に、街なかにある「ラ・エスパニョーラ（スペイン娘）」という名前のディスコ（日本でいう「クラブ」）に出かけていた。お酒を飲んだり踊ったりする店だ。そこへ行ったのは、もちろん楽しむためでもあったんだろうけれど、どちらかといえばむしろ、そこに来ているお客さんに麻薬を売りたかったんだろう。

そこへ、銃で武装したギャングの集団がなだれこんできて、店にいた人間を10人撃ち殺した。あっという間の出来事だったそうだ。殺された人たちのなかに、父さんとイングリットがいた。父さんは32歳で、イングリットはまだ25歳、しかも妊娠7カ月だった。なのに、お腹にいた赤ん坊をふくめ、3人とも死んでしまった。

僕はその死を、電話口で泣き崩れるおばあちゃんの姿を見て知った。現場にいた知り合いが、知らせてくれたんだ。まもなく、ラジオやテレビのニュースでも事件の報道が流れ始めた。僕は、同じ敷地内に住んでいた伯父さんと2人で近所の人の車に乗って、現場へ駆けつけた。事件から1時間くらい経っていたと思う。遺体はディスコの前に横たえられていて、父さんの額には正面から銃弾が撃ちこまれた痕があった。幼かった僕は、その光景が示すことがよくわからず、ただ泣いていた。

けれどもあとで、ディスコにいた知り合いの人に事件のくわしい様子を聞いて、気がついた。父さんはたまたま撃たれたんじゃない。乱射事件で偶然に弾があたったんじゃなく、ギャングたちは父さんを狙って殺しにきたんだ。おそらく、麻薬密売の縄張り争いで、敵対するマラスが邪魔者を消しに来たんだろう。だから父さんの頭には、「とどめの一発」が撃ちこまれていたんだ。

僕は言葉にならない悲しみ、そして憎しみを覚えた。

「父さんを殺した奴らをやっつけたい。敵《かたき》を討ちたい」

そう思うようになった。でも、「どうやって？」までは考えられなかった。ただモヤモヤした気持ちを抱えたまま、とにかくおじいちゃんとおばあちゃんの家の子どもとして生きることになったんだ。

数年して、僕は母さんの居場所を知り、ときどき会うようになった。寂しかったからね。母さんは、お世辞にもいい母親とは言えなかったけれども、会えばいつも、「愛してるわよ」と言ってくれた。それが心の底からうれしかった。

ところが13歳になっていた兄さんは、絶対に会おうとはしなかった。なぜだか理由はよくわからない。たぶん幼いころの出来事を、僕よりも鮮明に覚えているからなんだろう。何かしら、母さんの行動に怒りや恨みを抱いているように思える。父さんの死後、やんちゃだった兄さんはしだいにおとなしく、無口になっていった。

3 貧乏でも楽しい日々

父さんの死。それさえなければ、僕の小学生時代は、それなりに楽しい日々だった。貧乏だったけれど、自分たちでありとあらゆることを遊びに変えて、楽しめたからね。

毎日、学校から帰ってくると、急いで昼ごはんを済ませて、すぐに友だちと出かけた。近くの空き地へ行ってサッカーをしたり、木に登って、高い所から自分たちが住んでいる地域の家並みをながめたり、マンゴーの木のてっぺんまで行って、実を食べながら、みんなでおしゃべりをしたりするんだ。

あとは木の枝でピストルのような形をしたものを見つけては折って、それを手に下へ降りていって、通りでカウボーイごっこをした。なんてことはない。ただ、そこらじゅうを走り回るだけさ。ボロ自転車を飛ばして、レースをすることもあった。それが意外とおもしろかったんだ。

今の子たちは、きっと小さいときからタブレットでゲームでもするんだろうけどね。僕たちは、夜になっても家の前の道ばたでサッカーに夢中になっていた。ギャングがいたとはいえ、当時はまだ暗くなっても外出できるくらい、安全だったんだ。

朝は毎日、起きてすぐにシャワーを浴びた。お湯は出ないから、冷たい水のシャワーだ。すっきりしたら、ホンジュラスの国旗と同じ「マリンブルーと白」の制服を着て、黒い靴をはいた。身だしなみを整えて学校に行くよう、おばあちゃんが髪をとかしてくれた。全部後ろへなでつけた「オールバック」だ。真夏には、兵隊みたいに丸刈りにされたこともあるよ。

おばあちゃんは、近所の人たちが朝食用に買いにくるトルティィージャを売っていたから、とても早起きだった。僕が目覚めるころには、ご飯と煮豆、トルティィージャ、塩っからいチーズという、ホンジュラスでは定番の朝食メニューを、テーブルに準備しておいてくれた。それを食べたら、いざ登校だ。

まともな父親と母親がいる家庭なら、小学生のころはみんな、校門まで親に送ってもらうのが習慣だった。でもウチは両親がおらず、おじいちゃんとおばあちゃんはそこまで手がまわらなかったから、いつも「時間だよ、行っといで！」と声をかけられ、家を飛び出した。両親がいないのは寂しかった。

小学校の授業は、朝7時に始まり、お昼の12時には終わった。ホンジュラスの公立小学校は、子どもの数に比べて学校の数が少なかったから、多くの地域で午前と午後の2部制だった。僕は午前の部にいたんだ。

学校からもどると、おばあちゃんと、同じ敷地内に住む叔母さん、すぐ近くに住んでいる伯母さんの3人が、忙しそうに昼食を準備していた。その食事を目当てに、同じ地区にいる親戚が毎日のようにウチに集まってきた。トリの煮こみとか魚のフライとか野菜のスープとか、一度にいろいろな料理が大量につくられた。それをみんなでトルティージャと一緒に食べるんだ。

夕食には、昼の残り物や揚げバナナ、それに僕が大好きなバリアーダがよく出された。バリアーダとは、トウモロコシの代わりに小麦でつくったトルティージャに、煮豆やチーズ、玉子、アボカドといった具をはさんで食べる、ホンジュラスではポピュラーな軽食だ。大人は、それに「クルティード」という唐辛子風味のお酢をかけて食べる。僕はまだチビで、辛いのが苦手だったから、かけなかったけどね。

4年生になるまでは、まじめに学校へ通い、しっかり勉強をしていた。ところが4年になって新しい友だちができると、僕はその子たちとつるんで悪さばかりするようになった。ときどき、授業を抜け出しては、外でサッカーをして遊んだり、隠れてタバコを吸ったりしていたんだ。問題児さ。それでも、宿題だけはきちんとやっていたから、小学校はちゃんと卒業できた。

小学生時代の一番の思い出は、サン・ペドロのサッカースタジアムに、ホンジュラス代表の試合を観に行ったことだ。メキシコ代表対ホンジュラス代表の試合。僕はまだ11歳だったから、代表戦を生で観戦できるなんて、思ってもみなかった。ところが、僕のサッカー好きを知っていたおじいちゃんとおばあちゃんが、リベラ・エルナンデスから観に行く人たちが乗るバスの乗車賃と観戦チケット代をくれたんだ。僕はもう有頂天になって、大人たちに混じってサッカースタジアムを目指した。現場に到着すると、ほかの人たちと一緒にスタジアムを囲む塀を乗り越えて、中へ入ったんだ。

ホンジュラスでは、大してお金を持っていないサッカーファンたちがよく、チケットを買わずに塀を乗り越えてスタジアム内に入り、そ知らぬ顔で観戦していた。だから僕もそうしたんだ。最初は、塀の上からスタジアムのなかにジャンプしたとたん、なかで警備をしている警察官に捕まって、外に放り出されてしまった。それでも2度目は、警官たちがほかの人を捕まえているすきにサッと脇をすり抜けて、うまく侵入に成功した。あまりにも大勢の人が一度に塀を越えてきたものだから、警察は全員に対応することができなかったんだ。ラッキーさ。

チケットを買わなかったことで手元に残ったお金は、飲み物やスナックを買うために使った。ほかの観客たちのように、ジュースやお菓子を手に観戦したかったんだ。塀を越えようとした人たちはみんな、同じだった。せっかくの代表戦、観客席でめいっぱい盛り上がりたかったんだよ。ホンジュラスでは、それが普通のことだった。みんなサッカーが大好きだからね。故郷で本物のサッカーの試合を観たのは、それが最初で最後だ。僕にとって忘れられない、すごく特別な出来事だった。

4 ギャングになる

小学校を出たあと、僕は普通に中学へと進学した。隣の地区にある学校だ。そのころには、中学生の間でもギャング団、マラスに入る子がしだいに増えていた。地元リベラ・エルナンデスでマラスが勢力を伸ばしていたんだ。しかも凶悪化していた。僕が通い始めた中学校でもまもなく、マラス同士の縄張り争いが始まった。

僕が住んでいるブロックにも、マラスがやってきた。あるとき、ブロックの角の道ばたで友だちと雑談をしていると、向こうから若者が6、7人、自転車に乗って現れた。彼らがこの地域の3大マラスの一つ、バトス・ロコスのメンバーだということは、すぐにわかった。ダブダブのTシャツを着て、大きめのジーンズを腰ではき、野球帽を目が隠れるほどに深くかぶって、腕にVLのタトゥーをしていたからね。VLは、Vatos Locos（バトス・ロコス）の頭文字だ。彼らは、僕が住んでいたラ・セントラル地区に進出してきて、自分たちの支配下におさめるようになっていた。

ギャングが近寄ってきたとき、僕のまわりには10代の少年が30人ほど、何をするでもなくたむろしていた。すぐ近くにサッカーコートがあったから、そこでプレーをした帰りの子たちやこれからプレーをしに行く子など、いろいろな子どもが角でしばらく立ち話をしていたんだ。そこへギャングたちがやってきた。

彼らは、僕たち全員に向かって、こう言い放った。

「この辺りは今後、俺たちの縄張りになる。おまえたちも、仲間にならないか」

連中はナイフや銃などの武器を手にしていたから、こちらからすれば、ほとんど「仲間になれ」と脅されているのと同じだった。でも、そのときは幸い、勧誘の言葉をかけただけで、それ以上の無理強いはせずに帰っていった。

ギャングが去ったあと、僕たちは、互いに「どうしよう」とつぶやきながら、考えをめぐらせた。仲間にならないと殺されるかもしれないし、かといって仲間にならないで済むようにどこかへ逃げようと思っても、引っ越す先や行き場がない。むしろ仲間になってヤバい仕事をしたほうが、儲かるかもしれない。みんなの頭にさまざまな考えが浮かんだ。

僕自身はというと、ギャングなんて危険だからならないほうがいいと思う一方で、マラスに入って麻薬とか売って稼いだほうがいいかもしれない、とも考えた。父さんのようになりたい、なんていうバカな考えも、まだ少しだけ頭の片隅に残っていた。それに、バトス・ロコスに入れば、父さんを殺した敵のマラスをやっつけることもできるかもしれないとも思った。

一方で、やはり父さんとは違う生き方をしたほうがいいんじゃないか、とも感じていた。父さんの死は家族みんなに深い悲しみをもたらしたからだ。なかなか判断がつかない状態だった。

結局、僕はギャングの仲間になることを選んだ。僕が生きていた環境では、それがもっとも現実的な答えだったからだ。ほとんど唯一の選択肢だった、と言ってもいいかもしれない。だって、もし「仲間にならない」という選択をした場合、僕はバトス・ロコスのいない地域へ逃げるか、殺されるか、2つに1つの状況に追いこまれること、間違いないからだ。

僕にはリベラ・エルナンデス以外に知り合いはいなかったし、たとえ別の場所へ逃げられたとしても、すべてをひとりでゼロから始めなければならない。それに比べれば、ほかの多くの子どもたちと同様に、状況に身を任せてギャングになるほうが、楽だった。要するに、まだチビで考えが足りなかったんだ。その選択が、あとでどれほどひどい結果をもたらすかなんて、想像もしなかった。

僕がギャングの世界に片足突っこんだことを知ると、おばあちゃんは「そんなことに関わっていると、ウチにはいられなくなるわよ」と、思い直すよう悟した。兄さんはまじめにやっていたから、なおさら、だんだんやんちゃになっていく僕のことが心配だったんだろう。でも僕は気にも留めなかった。

しばらくすると、通っていた中学校がある地区が、バトス・ロコスと敵対する18の支配下に置かれてしまった。そのせいで僕は、学校にいた18のメンバーに、「おまえは敵だ、もう二度とこの学校に来るな。来たら殺す」と脅されることになった。

マラスの世界では、敵の支配地域へ足を踏み入れることは、イコール死を意味する。マラス絡みの事件では、縄張りに入ってしまったことで殺されることが一番多いからね。だから中学校に行けなくなってしまったんだ。どうしようもなかった。

中学に通わなくなった僕の毎日は、もっぱらギャング仲間とギャングの仕事をするだけのものになってしまった。12歳のときのことだ。初めのころは、とにかく退屈なだけだった。下っ端ギャングの活動にきっちりとした時間割というものはなく、朝早くでも昼ごろでもいいから、とりあえず遅くならないうちに通りに出て、「プンテーロ（指し示す人）」

と呼ばれる縄張りの見張り役をするのが決まりだった。それが、ギャングになりたての見習いに与えられる仕事なんだ。単純なものさ。

でも、仕事を忘れたり、さぼったりして、その日一日まったく見張りに顔を出さないと、恐ろしいことになる。とにかく出なきゃならない。通りに出てくるのがあまりに遅いと、「どうしたんだ?」と、兄貴分が聞きにくる。

プンテーロは、トランシーバー片手に、自分が担当するブロックの入り口にある高い木や屋根に登る。僕はたいてい、お昼の12時前後に家を出て、ブロックの角に建つ家の屋根に登っていた。そこからは、スラムの家々の屋根と、周辺に広がる小高い丘が見えた。いくつも連なっている緑の丘の一つのふもとには、父さんを含め、この地域で亡くなった人たちが埋葬されている墓地がある。その辺りまで見渡すことができたんだ。

見張りの仕事は、同世代の仲間2、3人と連れ立ってやっていた。みんなで下の道を通る人たちを監視して、敵のギャングや見知らぬ人といった「縄張りに勝手に入ってはいけない人間」が来たら、トランシーバーで兄貴分に知らせるんだ。そうすると兄貴分たちがやってきて、よそ者の服を脱がせ、身体検査をする。タトゥーや所持品から敵のメンバーだとわかるとたいてい「始末される」んだ。

ふだん見かけない車がやってくると、窓を開けていないというだけで、攻撃の対象になる。誰が乗っているか、わからないからね。マラスの縄張りに入るときは、車は窓を半開きにしておくのが決まり事さ。知らないと、命に関わる。

見張りをしている間は、仲間と雑談をしたり、マリファナを吸ったりしていた。見張りの仕事では、お金はせいぜい週に200レンピーラ（当時約900円）くらいしかもらえなかったけれど、マリファナはたくさんもらえたんだ。マリファナを手に、午後はずっと高い所でダラダラと、日が暮れるまで時間をつぶしていた。

本心を言えば、学校に通っている子たちのように普通に遊んでいたかったんだけれど、できなかった。その分、仲間とできるだけおもしろおかしく時間をつぶそうと、国内サッカーリーグの話をしたり、たわいのないうわさ話をしたりして、自分たちの気分を盛り上げていた。

プンテーロ仲間は同い年で、半分は同じブロックに住む幼なじみ、残りは別のブロックから来ている子たちだった。ギャングになってからはほとんど毎日、何時間も一緒にいたから、みんな友だちになった。

夜の7時、8時になると、ようやく役目を終えられた。それからサッカーをしに空き地

麻薬や武器を積んでいないか、スラムに入る車のトランクをチェックする軍警察。

へと走った。もちろん、同じギャング仲間と、だ。縄張りの中にある空き地や通りで、夢中になってボールを追いかけた。サッカーをしているときだけは、普通の子どものように無邪気に遊びを楽しめた。

見張りが終わったあとに、仲間が集まるアジトへ行って、みんなでマリファナを吸うこともあった。一度なんか、6人でマリファナをプカプカ吸っていたら、突然、警察が踏みこんできたんだ。思いがけない出来事に慌てて逃げようとしたけれど、地元のテレビやら新聞やらマスコミが一緒に来ていて、写真や映像までとられるはめになってしまった。

僕たちは、バトス・ロコスの幹部にヘマを知られるとまずいと慌てまくった。それで、とっさに別のマラスのシンボルマーク「18」を壁に書いて、ごまかしたんだ。警察には、あとでバレたけどね。でも正直に話をしたら、解放された。ひとり、武器を手にしていた仲間だけが、少年院に3カ月間送られた。

5 仲間たちの悪業

プンテーロ（縄張りの見張り役）を3、4カ月続けたあと、僕は販売用のマリファナを仕分ける仕事もやるようになった。プンテーロとの兼業だ。アジトに持ちこまれる大きな包に入ったマリファナを、小分けする作業だった。バトス・ロコスが空家を利用してつくったアジトには、大きな包に圧縮して詰めこまれたマリファナが、どこからか定期的に運ばれてきた。

僕たちはそれを開けて、まずいらない小枝やゴミを取り除き、葉の部分だけを集めた。それを小さく切った新聞紙に数枚ずつ包んでいくんだ。その包を、地域の人たちが買いに来た。

地域に住んでいる人間なら、ほとんど誰もがマリファナを売っている場所を知っていた。地元の警官もたぶんわかっていただろう。でも、摘発には来なかった。住民はマラスを怖がって通報しなかったし、警察だって自分たちと同様に銃で武装したマラスを恐れ、黙認していたんだ。

この仕事も、僕にとってはただ退屈なものだった。そのうえ実入りも悪かった。だから、おばあちゃんが嫌っていた犯罪に頭を突っこんでいたというのに、僕は夕食どきになると、何食わぬ顔で家へ帰って食事をしていた。腹ぺこだったし、家族が恋しかったからね。

おじいちゃんもおばあちゃんも、僕が何をしているのかうすうすわかっていたから、家にいるときはよく「そんなことはやめて、ここにいなさい」とか、「お父さんのようなことになってしまうぞ」とか、忠告してくれた。なのに反抗的だった僕は、聞く耳を持たなかったんだ。

それでもおばあちゃんは、僕がお腹がすいたと言えば、黙って食事を出してくれた。マラスに入ったのも、心から望んだからではないということに、たぶん気づいていたんだろう。一度入ってしまったら、そこから抜け出すのはとても難しいということも、わかっていたんだと思う。

数カ月間、プンテーロやマリファナの仕分けの仕事をしたら、今度は「家賃」を取り立てる仕事をもらった。マラスは、自分たちの縄張りにある商店から「家賃」とか「税金」とかいう名目で、お金を巻き上げているんだ。いわゆる、みかじめ料さ。僕はそれを徴収する仕事の担当になった。ただし、メンバーの家族が経営する店は「家賃」の支払いを免除される。だから、おばあちゃんが営むトルティージャ屋は、僕が所属しているバトス・ロコスにお金を払わなくてすんだ。

僕は毎週、兄貴分が「おまえの担当はここと ここだ」と指定する商店を一軒一軒まわって、言われた通りにお金を要求した。支払いはいわば「義務」で、誰も嫌とは言わなかった。否定すれば、何をされるかわからないと知っているからね。相手はまるで僕たちを恐れ敬っているかのように、丁重に接してくれるんだ。この仕事をするのは案外、気分がよかった。

恐れ敬われる、といえば、僕よりもあとに仲間に入ってきた10歳の少年なんか、毎日のように自転車で地区を走り回り、「知らないヤツが来たぞ～！」と知らせてまわるプンテーロをするだけで、嬉々《きき》としていた。いかにも楽しそうだった。

実はその子は、学校でいじめられないよう、マラスに入ったんだ。ギャングならいじめにあうことはないし、それどころか恐れられて、リスペクトされるからね。

「家賃」の取り立ての仕事では、週に3000レンピーラ（当時約1万6000円）ももらえた。年収にすると75万円以上になる。ものすごくラッキーだ。平均年収が30万円にも満たないホンジュラスでは、大金だった。もうおばあちゃんに頼らなくても、好きな食べ物や流行のスニーカー、服、携帯電話なんかも買えた。その分、家から足が遠のいた。寝るときくらいしか、もどらなくなってしまったんだ。一日の大半を仲間とアジトですごし、取り立ての仕事で大金を手にする生活に、すっかりのめりこんでしまった。

ついには、

「おまえは父親と同じようになりたいのか。もうウチでは面倒をみられない」

と、おじいちゃんたちに宣告された。15歳のときだ。僕は、十分にお金を持っていることで気が大きくなってしまい、「それでも構わないさ」と家を出た。仲間15人で借りている家で暮らし始めたんだ。料理も洗濯も自分でやるようになった。ちなみに家賃は「タダ」。ギャングはリスペクトされている、いや怖がられていたから、家主があえて請求してこなかったんだ。

いかにもギャングらしい生活は、それ以降、どんどんエスカレートしていった。大金を手にしてはマリファナをやり、まわりの人が自分たちを恐れ敬うような態度を、ゲームのように楽しむ。そんな毎日の繰り返しだ。でも、僕はしだいに疑問を持ち始める。こんなことを続けていていいのだろうか……、と。

バトス・ロコスの上層部の連中がとてつもなく恐ろしいことをしていると、気づき始めたからだ。ギャングになったばかりのころはよくわからなかった、マラスの真の恐ろしさを垣間見るようになり、気持ちが大きく揺らぎだした。

マラスは、メキシコの麻薬カルテルと取引をして、彼らの仕事を請け負うだけでなく、自分たちの邪魔になる相手を暗殺してまわっていた。人殺しだ。

当時、ひんぱんに行なわれた殺しの典型的な手口は、こうだ。まず、男女が2人乗りのバイクで敵に近づく。そしてすれ違いざまに、後ろに乗っている女性が銃で敵を撃ち殺す。そのまま走り去れば、ミッション完了。いかにも簡単そうに見えた。バイク殺人が頻発したせいで、警察はバイクの2人乗り自体を禁止したくらいだ。

マラスのメンバーの恋人になること以外で、組織のなかで女性が担う役割といえば、そういうものだった。恋人になるのだって、無理やりならされることも多かったから、バイク殺人だって、強制的にやらされていたのかもしれない。

殺人といえば、今でも決して忘れることのできない出来事がある。

その日、僕がアジトにいると、バトス・ロコスの殺し屋たちが敵の男3人と女1人を連れてもどってきた。さんざん殴る蹴るの暴行を加えた挙げ句に、4人全員を殺したんだ。

僕の目の前で。しかもそのあと、彼らは女性の遺体をバラバラに切断し始めた。腕、足、頭、と切り落としていった。僕は恐怖のあまり、呆然としていた。映画で似たようなシーンを見たことはあったけれど、実際に立ち合うのは、それとはまったく違う。目の前で起きていることを「現実」だと理解することすら、難しかった。悪夢だ。思い出すだけでも背筋が寒くなる光景が、そこにあった。

マラスでは、冷酷な殺人が当たり前のように行なわれていた。警察だって止められはしない。いや、実は警察にだって、マラスのメンバーが潜入しているらしいんだ。マラスではたいてい、18歳になったメンバーのなかから何人か、警察か軍に入る人材を募ると、仲間が言っていた。

リベラ・エルナンデスにあるサッカーグラウンドで一度、18のメンバーが20人ほど殺される事件が起きたんだけれど、犯人は警官の格好をしていたそうだ。その警官はきっと敵のマラス、MSのメンバーだったんだろう。ギャングの犯罪を取り締まるはずの警察や軍の内部にもギャングがいるんだから、犯罪がなくならないのも当然だ。

マラスの現実、本当の怖さを知るにつれて、僕は、自分のやっていることが心の底から怖くなってきた。今は見張り役やみかじめ料の徴収係をやっているだけだし、まだいいけれど、もしこのままギャングを続けていたら、そのうち僕ももっとヤバいことに関わるはめになるんじゃないか。そうなったとき、僕はどうすればいいんだろう。そもそも僕にはそこまでやる気があるんだろうか……。

考えれば考えるほど、不安になった。おじいちゃんたちが心配していたように、僕も父さんみたいな最期を迎えるんだろうかと思うと、いっそのこと自殺したほうがマシかもしれないと考えることも、何度もあった。

でも、そのたびに「自殺なんかするもんじゃない。すれば地獄行きだ」と、おじいちゃんが聖書の話をしていたのを思い出した。「自殺なんかして、愛する人たちを悲しませるのは、大きな罪だ」とも言っていた。それらの言葉が、僕の自殺願望にブレーキをかけた。

あれこれ悩んでいるうちに、運命のときが来てしまった。

6 「ひとり、殺さなきゃならない」

その日も、僕は変わらず同年代の仲間4人と、アジトでマリファナを吸っていた。17歳になる半年ほど前のことだ。と、そこへ、となりの地区にあるバトス・ロコスの本拠地から、ひとりの男がやってきた。歳は23くらいの、パンギという呼び名を持つバトス・ロコスの殺し屋だ。

殺し屋のパンギは、いつでもピストルを持ち歩いていて、首や腕には「VATOS LOCOS（バトス・ロコス）、VIDA LOCA（ヴィダ・ロカ：クレイジーな人生）」というタトゥーをしていた。パンギは、アジトに入ってくるなり、僕たち5人を前に真剣な面持ちでこう言った。

「そろそろおまえたちも、正式なメンバーにならないか」

そして僕たち一人ひとりに、銃を一丁ずつ手渡した。

「まずひとり、殺さなきゃならない」

重苦しい口調でそう告げると、

「使命を果たせなけりゃ、死ぬことになるだろう」

と、言い添えた。

しばらく全員が沈黙していた。

僕は内心、恐怖に震えていた。もちろん、顔には出さなかったけどね。パンギの言葉は、つまるところ、「殺しがイヤなら、あるいはやっても失敗したなら、おまえが死ぬことになるぞ」という脅迫だった。

バトス・ロコスではそのとき、見習いの下っ端から正式なメンバーに昇格する儀式として、敵もしくは自分の家族や知り合いをひとり、殺さなければならないことになっていたんだ。以前は、仲間たちから十数秒間、殴られたり蹴られたりするのを耐えぬけば、それで正式メンバーと認められた。

でも今じゃ、誰かを殺すことで勇敢さを示さなきゃならない。マラスを取り巻く世界が、それだけタフになったってことさ。僕にはとても、人殺しなんて考えられなかった。が、だからといって、そんなことを口にしたら、その場で殺されるかもしれない……。

気づいたら、僕たちは全員、「もちろんやります!」「できます」「そのくらいの勇気はあります！」と叫んでいた。口が裂けても、「イヤです」なんて言えなかった。幸か不幸か、パンギが来るまでずっとマリファナを吸っていたおかげで、その沈静効果によって気持ちの高ぶりが抑えられ、何とか平静を保つことができた。恐怖心を隠して、強がってみせることができたんだ。

パンギは、満足した様子で立ち去っていった。

残された僕たちは、「さあ、どうしよう」と、焦って話し合いを始めた。5人中、3人は「よく考えれば、これはいいチャンスかもしれない」と言って、殺しをやる気になっていた。ギャングとして出世して大物になり、富とリスペクトと大勢のガールフレンドを手に入れるぞ、と意気ごんでいたんだ。

その一方で、同じブロックに住む幼なじみのファンと僕だけは、「人殺しなんか、絶対にできない」と、胸の奥深くで強く感じていた。ただ、このピンチを逃れるのにどうしたらいいか、まったくわからなかった。僕のなかではっきりしていたことは、ただ一つ。

「僕は、誰も殺さない」

自分が殺されることなく、何とかバトス・ロコスを抜ける方法はないものだろうか。ほかの仲間と別れたあと、僕とファンは2人で考えこんだ。リベラ・エルナンデスにいるかぎり、そんなことは不可能に思えた。けれど、どこかよその町へ行くにしても、あてがない。僕たちの親戚はみんな、リベラ・エルナンデスに住んでいたから、ここを去るなら、自分でどこか安全な居場所を探さなければならなかった。でもそれは難しい。一体どうすればいいんだ……。

考えても考えても名案は浮かばず、頭はさらに混乱し、心はますます沈みこんでいくなか、僕は夕方、おじいちゃんとおばあちゃんの家にもどった。足が勝手にそちらへ向いたんだ。しばし安らげる場所がほしかった。

家にたどり着くと、自分の部屋にこもって必死で考えをめぐらせた。

「どうすべきなんだ……」

焦る気持ちをもてあまし、しばらくベッドの上でただ頭を抱えて横たわっているうちに、ふと兄さんと話がしたくなった。小さいころはとても頼りにしていたからだ。そこで、戸口に立ち、外出している兄さんがもどってこないか、外をぼんやりとながめていた。

と、そのあと、予想もしないことが起きた。敵のマラスのメンバーで、ふだんから僕と瓜二つだといわれていた少年が偶然、僕の家の前で撃たれて死んだんだ。正確にはわからなかったけれど、彼はおそらくバトス・ロコスの縄張りに無断で入ったために、殺されたんだと思う。

僕は戸口で兄さんの帰りを待っていたとき、家の前でこの少年がバトス・ロコスのメンバー数人に囲まれ、暴行を受けるのを見た。ちょうど帰ってきた兄さんが、「関わらないほうがいい。なかへ入ろう」と言ったので、自分の部屋にもどった。するとまもなく、銃声が聞こえたんだ。

兄さんは殺し合いに巻きこまれることを恐れ、おじいちゃんやおばあちゃんを連れて、家の奥へと移動した。窓辺に残った僕は、ただひとり、自分によく似た少年が、何発もの銃弾を打ちこまれて息絶える姿を見届けることになった。じっと静かに、息を殺してただ見つめるしかなかった。

少年を殺したギャングたちは、警察に捕まることを恐れて、早々に逃げていった。そこへ、近所の人たちが集まってきて、こう叫び始めたんだ。

「あれはチェレだ!」「チェレが殺られた!」

「チェレ」。それは僕のニックネームだった。その名を聞いたとたん、なぜか涙があふれてきた。まるで自分が死んだかのような気持ちになった。「チェレの死体」を囲む野次馬をかき分け、警察も現れた。一帯は封鎖され、現場検証が終わるまで住人以外の立ち入りは禁止となった。

その瞬間、僕は思った。もしかしたらこれが、偶然もたらされたチャンスかもしれない、と。この事件のせいで、僕たちに殺人を命じたバトス・ロコスは、警察が現場検証を終えるまでの間、この地区に近づけなくなる。そのうえ、近所の人は僕、つまり「チェレ」は死んだと思っている。

もし今すぐここから姿を消せば、仲間に見つからずに国を脱出できるかもしれない。死んだ人間と勘違いしたら、しばらくは探さないだろう。バトス・ロコスから抜け出せるかもしれないじゃないか。バトス・ロコスのいない場所へ行くんだ!

突然のひらめきだった。とにかく猛スピードで考え、行動を起こした。殺人現場となり、警察や人でごった返している家の前をさけて、僕は裏口から外へ行き、夜の闇に紛れて近くの知り合いの家を訪ねた。パンギから渡された銃を見せて、買い取ってほしいと頼んだんだ。すると知り合いは、僕の頼みを聞いて、銃と引き換えに2500レンピーラ(当時約1万3000円)を手渡してくれた。家へ取って返し、今度はそこにあったお金をかき集めて、合わせて7000レンピーラをポケットやスニーカーなどに押しこんだ。

そして夜中の3時すぎ、誰にも告げずにこっそりと家を出て、夜道を地区の市場へと走った。そこには父さんの古い友だちで、朝早くからトラックで市場へ食料品を運ぶ仕事をしている人がいたからだ。その人を探して、ホンジュラスのすぐ北にあるグアテマラとの国境へ向かうバスに乗るために、長距離バスターミナルまで連れてってほしいと頼んだ。

理由など細かい説明はしなかったのに、彼は僕の顔を見て、黙って「トラックに乗れ」と言ってくれた。「警察に止められて何か尋ねられても、何も言うなよ」とも。そして、僕にマンゴーをひとつ、手渡した。

トラックはそのままバスターミナルへと急ぎ、到着するとすぐに、僕はグアテマラとの国境へ行くバスに乗り込んだ。朝の5時ごろだった。サン・ペドロから国境までは、バスでほんの1時間半ほどの距離だ。

こうして17歳の僕の冒険が始まった。

7 ギャングから逃げる

サン・ペドロから北にある国境まで、バスはまっすぐに北上するのではなく、山岳地帯をさけるために東へと大きく迂回して、カリブ海の海岸線まで出た。それから海沿いの道をひたすら国境の町、コリントへと走る。バスに揺られるうちに、東の空がだんだん明るくなっていった。

コリントには、出入国管理局がある。亜熱帯の緑生い茂る国境を貫く道路に設置された、ごくシンプルな建物だ。ホンジュラス各地から、大勢の人がグアテマラへ行こうと集まってくる。グアテマラは日本に比べればとても貧しい国だけれど、ホンジュラスよりは豊かで、そのさらに北にはメキシコとアメリカ合衆国がある。あこがれの「北」を目指す人々が、コリントに来るんだ。

ホンジュラス人は、正規の身分証明書かパスポートを持っていれば、ビザなしでグアテマラへ入国できる。でも、僕のような未成年は、そんな書類は何も持っていないから、出入国管理局を通るわけにはいかない。だから、正規のルートを脇にそれて、生い茂る草や木の間を歩いて国境を越える。「不法入国」するんだ。それならパスポートもいらない。国境といっても、そこに線があるわけでも壁があるわけでもないから、意外と簡単に越えられるんだ。実際に、僕は誰にとがめられることもなく、グアテマラへ入った。少しホッとした。

グアテマラに入国して、道路に出ると両替所があった。僕はそこでホンジュラスのレンピーラを、グアテマラのお金であるケツァルに両替した。グアテマラのお金を持っていれば、何でも買える、たいていのことは解決できる。

両替所の近くを通る乗り合いのマイクロバスに乗りこんで、40分ほど先の町、プエルト・バリオスを目指した。そこへ行けば、グアテマラの首都、グアテマラシティ行きのバスがあるからだ。とにかくバトス・ロコスが支配する地域からできるだけ、遠くへ行きたかった。

それに、生きていくためには仕事を探さなきゃならないから、都会へ行くのが一番だと考えたんだ。都会には普通いろいろな仕事があるから、そこでがんばれば運が開けるんじゃないか、グアテマラシティはサン・ペドロの4倍くらいの人が住む大きな都市だから、きっとあらゆる産業が発展しているに違いない、と思った。ギャングの仕事しか知らない僕にも、何かできることがあるだろう。

プエルト・バリオスに到着してマイクロバスを降りたら、人の流れのままに、グアテマラシティ行きのバスが出るターミナルに向かった。ところが運悪く、途中で警察に呼び止められてしまった。きっと僕の服装や雰囲気から、不法入国者だとバレたんだ。

いきなり強制送還されたら、たまらない。ホンジュラスへ送り返されでもしたら、「死」が待っている。追い詰められた僕は、ポケットから200ケツァル（当時約2500円）をとり出して警官に手渡し、「お願いだから見逃してください！」と、必死に頼んだ。

すると、ずいぶんとあっさりOKが出たんだ。拍子抜けしたよ。あの感じなら、賄賂は50ケツァルくらいで十分だったのかもしれないな。

まあそういうわけで、何とか無事にバスターミナルまでたどり着いて、グアテマラシティへ向かうバスに乗りこむことができた。よく貧乏人が乗る、おんぼろバスじゃあない。一人ひとりにちゃんとした座席がある、乗り心地のいい立派な長距離バスだ。それに何時間か揺られれば、目的地に着けるはずだった。

バスのなかには、僕以外にも、ホンジュラス人が大勢乗っていた。大人もいれば、僕のような子どももいる。旅の間は、彼らも僕もみんなが、移民局に止められ不法入国者だけが降ろされたり、バス強盗に襲われてお金を巻き上げられたりしたらどうしようと、常にビクビクしていた。なけなしのお金を手に、それぞれ深い理由があって祖国を離れて旅をしている人ばかりだったからだ。

貧困のなかで生まれ育ち、まともに勉強したり、きちんとした仕事についたりするチャンスに恵まれなかった人間は、希望を求めて旅に出る。豊かな国で光を見つけようと決意するんだ。懸命に働いて、故郷の家族に送金しようと考えている人もいる。たいていの人はアメリカ合衆国まで行こうとしていたと思う。目的地に着く前に移民局に捕まってホンジュラスに送り返されたり、必死で貯めたお金を奪われたりしたら、それこそ悲惨だ。

東から西へ、ほぼまっすぐに伸びる道を進むこと、およそ5時間。僕たちを乗せたバスは、その日の午後、無事グアテマラシティに着いた。高層ビルが建つ新市街のモダンな風景が目に入ったときは、胸をなで下ろした。ホンジュラスよりもずっと大きな国の首都へやってきたんだと思うと、心が躍った。

ところが、グアテマラシティでは、しょっぱなからつまずいてしまった。

グアテマラシティの新市街。

家を飛び出してから続いていた緊張がほぐれて、少しだけ休憩したいと思った僕は、バスを降りてすぐに宿を探し始めた。そこへ、グアテマラ人の男がひとり、近づいてきた。バスが到着したときからその辺りに立っていた、気の良さそうな人だった。つい気を許して、「この辺りで安いホテルを知りませんか？」と声をかけてみた。

男はすぐに、「ああ、知っているよ。連れて行ってやろう」と返事をした。僕はうれしくなって、言われるがままに、彼のあとについていったんだ。と、人影もまばらな通りに入ったとたんに、その男は僕に銃を突きつけ、低い声で「黙って金を出せ」と脅した。強盗だったんだ！

結局、600ケツァル（当時約7500円）もとられてしまった。幸い、全額持っていかれはしなかった。所持金を少しずつバラバラに隠していたからだ。ポケットに少し、靴のなかに少し、ジーンズのウエスト部分を折り返した隙間に少し、というふうにね。

治安の悪い所では、用心のために大金は持ち歩かないか、持っていくときはできるだけ何カ所かに分けて持たなきゃだめだ。そのおかげで、被害は全所持金の5分の1程度で済んだ。

強盗は、お金をつかむとそれ以上は何もせずに、すっと立ち去った。僕は、残りのお金を頼りに、今度は自力でホテルを探し始めた。バスターミナルに近い通りをブラブラ歩いていると、僕と同じくらいの年の少年が2人、目に入った。彼らも僕と同じく、グアテマラ国境を越えてきた不法入国者だった。僕たちは、この大都会で生き延びるために、とりあえず一緒に行動することにした。そのほうが安全だ。

3人で安ホテルを見つけて、そこに一泊した。薄暗い部屋におんぼろベッドがぽつんと置かれた、ひどい所だったよ。

翌朝、連れ立ってグアテマラシティの中心街を散策した。観光客ではないけれど、せっかく来たんだから、まずはこの都会のど真んなかを見てみよう、ということになったんだ。

旧市街の中心にある安ホテルから何ブロックか歩くと、大聖堂が建つ中央広場だった。サン・ペドロの中心にある広場と比べると、何倍も広く立派なもので、それに面してそびえる大聖堂や国立宮殿も、歴史を感じさせる美しい建物だった。それを見ただけで、この国が僕の祖国、ホンジュラスよりも何倍も大きく偉大な国に思えた。

広場の周辺地域には、ポツリポツリといくつもの教会があった。通りをブラブラしていると、頭にベールをつけたシスター（修道女）が数人で歩いてくるのを見かけた。お腹を空かせていた僕たちは、彼女たちに声をかけて、食事を提供してくれる教会はないか、尋ねてみることにした。教会ではよく、貧しい人やホームレスの人たちに無料で食事を配っているからだ。僕たちは一文無しではなかったけれど、旅の資金を少しでも多くとっておくために、教会の慈善事業を頼ることにした。

僕たちが移民少年だと知ったシスターたちは、食事ができる教会まで案内してくれた。そこは食事だけでなく、一夜の宿も提供してくれるというので、その晩はそこで寝ることにして、僕はふたたび街なかへもどり、何か仕事はないか探してみることにした。連れになった2人は「アメリカ合衆国まで行く」と言っていたけれど、僕はそこまで具体的な計画があってホンジュラスを出てきたわけじゃなかったから、ここグアテマラシティで働いて生活していけるのなら、それでもいいと考えていたんだ。

でも実際には、かなり難しいとわかった。僕が応募できるような求人広告は見当たらなかったし、店で尋ねても断られ、道ばたで物売りをするにしても、それほどお客がいない。治安が悪いせいか、大きな街なのに通行人はそれほど多くなかった。

教会に帰った僕は、2人と相談して、さらに北へと旅を続けることにした。とりあえず、隣のメキシコを目指そう。そう決めてシスターたちに相談すると、メキシコ国境の町テクン・ウマンまで行けば、僕たちのような人間をタダで泊めてくれる「移民の家」という施設があると、教えてくれた。カトリックの修道会が運営しているものだ。そこまでは、バスで5、6時間だという話だった。この街で希望が見えてこない以上、行ってみるしかない。

翌朝、シスターたちの見送りを受け、僕たちは市バスに乗って、メキシコ国境の町まで行くバスが出ているバスターミナルへと向かった。バスターミナルには、赤や緑、青といった派手な色と柄で車体を装飾したバスが、所狭しと並んでいた。どれも古いバスを修理し、外装をリニューアルして使っている。お世辞にも快適とはいえそうにないバスだ。でも、運賃が安いから、がまんするしかなかった。

チケットを買って乗りこむと、中には人間だけでなく、鶏肉や野菜の大袋、衣類がぎっしり詰まった袋など、あらゆるものが積みこまれていた。狭い車内はもちろん、バスの屋根の上にもモノがどんどん積まれていく。座席も1人1席ではなく長椅子席なので、人と動物とモノが一緒くたでギュウギュウに

グアテマラシティ市内を走るバス。庶民の足だ。

詰めこまれていた。プエルト・バリオスからここへ来るのに乗ったバスとは、大違いだ。

それでもバスは、停車する町や村で人と荷物を降ろしたり積んだりしながら、メキシコ国境を目指して順調に、西へ西へと走った。乗客も通る地域の住民も、ほとんどが先住民の人たちだった。僕たちホンジュラス人よりもやや背が低く、肌の色も濃い。女性はたいてい髪が長く、カラフルな刺繍が入った民族衣装を身にまとっていた。僕は先の不安を抱えながらも、異国の旅を楽しもうと思った。

約6時間後、バスはついにテクン・ウマンの町に入った。メキシコはもう目と鼻の先だ。長時間おんぼろバスに揺られたせいで、すっかり疲れ切っていた僕たちは、シスターたちにもらったメモを頼りに、さっそく「移民の家」を探した。通行人に尋ねながら歩くと、意外と簡単に見つけることができた。この町には本当にたくさんの移民がやってくるから、住民はみんな事情をよく知っているんだ。その施設がある通りの名前自体が、「移民通り」というくらいだしね。

「移民の家」は、グアテマラとメキシコの国境を流れるスチアテ川のすぐそばにあった。1ブロック先が川で、対岸はもうメキシコだ。移民通りに面した入口を入ると、目の前の建物に中米から旅をしてくる移民の姿を描いた壁画があった。2階建ての家には、何人も

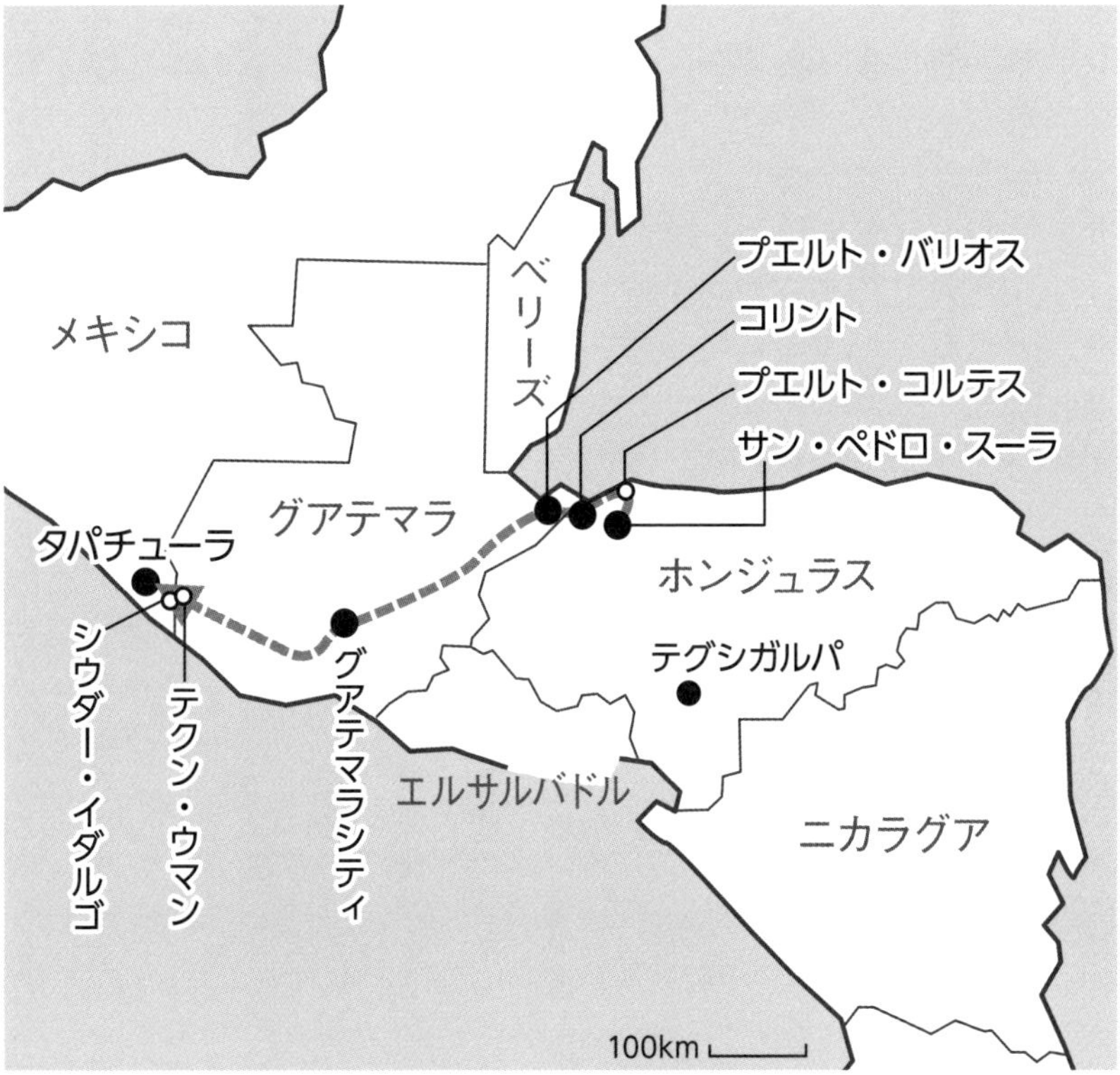

メキシコに入るまでのアンドレスの旅のルート

の移民が滞在していた。僕たちのように北へと旅する者たちは、ここで最長3日間、宿と食事を無料で提供してもらえる。病気なら、治療も受けられる。ここから先の旅をあきらめて、この辺りで仕事を探して落ち着きたい人には、仕事探しも手伝ってくれるそうだ。でも僕たちの決意は固まっていた。1日だけ世話になったら、国境を越えるんだ。

国境を越えてメキシコに行く人間には、安全のためにどんなことに注意をすればいいかなどのアドバイスをくれた。移民同士でも情報交換をした。どの辺に移民局の人間がいるか、問題が起きたときにはどこへ連絡をすればいいか、アメリカ合衆国とメキシコとの国境までの旅のルートにはどんな選択肢があるか、途中どこにここと同じ「移民の家」があるか、といった情報をできるだけ集めた。

メキシコに入れたとしても、もしずっとメキシコ横断の旅を続けるとすると、アメリカ合衆国の国境までは4000キロ以上もある。その間には、きっとこうした助けが必要なときがまた来るだろう。僕はとりあえず、国境を越える方法を確認して、翌日に備えた。先のことは、まだあまり考えてなかったからだ。

翌朝、僕たちは国境の川を渡ることにした。メキシコに入国するためには、テクン・ウマンの北の外れにある出入国管理局を通って、橋を渡ればいい。でも、パスポートも何も持たない僕たちは、グアテマラに入ったときと同様に、出入国管理局を避け、橋よりも南に下った辺りにある「渡し場」に行って、川を越えた。大型車両のタイヤチューブと板でつくられた筏《いかだ》のような舟でメキシコに渡してくれる。お金が多少かかるけれど、流れが急な川を歩いて渡るよりも安全なので、乗ることにした。乗ってしまえば、あっという間に対岸に着く。

サン・ペドロの家を出て4日目の昼すぎ、僕はしっかりとメキシコの土を踏んでいた。

8 メキシコにたどり着く

テクン・ウマンの対岸には、メキシコの町、シウダー・イダルゴがある。テクン・ウマンよりも小さな町だ。例によって、最初に持っていたグアテマラの通貨ケツァルをメキシコのペソに両替し、とにかく目の前の道を歩き始めた。町は、僕の故郷とそう変わらないくらい田舎だった。川沿いの道は未舗装で、町の中心へと進むに連れて、舗装道に変わっていった。通りの両側には、平屋の質素な住宅が並んでいる。

とぼとぼ歩いていると、正面からパトカーが1台、近づいてきた。僕たちの脇で停車し、なかから警察官が4人、出てきた。男性警官3人、女性警官1人だ。彼らは僕たちの顔を見るなり、吐き捨てるように「おまえたち、移民野郎だな！」と言った。

よりによって、僕たちに襲いかかってきたんだ。何もしていないのに。相手は武装しているから、抵抗しようにも手がなかった。殴られたかと思ったら、お金まで盗られた。幸い、ジーンズのウエストの折り返しに隠していたお札には気づかれなかったけれど、本当にひどい目にあった。

　そこいらの強盗と同様に、警官たちもお金を手にしたとたんに、さっさとパトカーで去っていった。故郷のホンジュラスと同じで、メキシコでも警察は信用できないということが、よくわかった。憂鬱になりながら、僕たちはまた同じ目にあわないように早くその場を離れようと、早足で歩き出した。と、すぐそばで事件を目撃していた人たちが、

「災難だったね。何か食べていくかい？」

と、声をかけてくれた。自宅にもどって、ご飯や煮豆やトルティージャを持ってきてくれたんだ。ごちそうになってから、僕は気分転換に、しばらくそこにいた人たちとサッカーをすることにした。ちょうど彼らの家の前がサッカーコートだったんだ。連れの２人は観客になった。

　夕方、親切にしてくれた人たちにお礼を述べて、ふたたび中心街を目指して歩いた。しばらく進むと雨が降ってきて、僕たちは早く雨宿りができる場所を確保しなければと、足を速めた。夜の7時近くになってようやく、あてにできそうな教会が見えたので、なかに入り、牧師さまに「一晩泊めてもらえませんか？」と頼んでみた。

　牧師さまは、「ここに泊めることはできないけれど、信者に聞いてみましょう」と、ど

こかに電話をしてくれた。数十分後に、ひとりの女性が自家用車で現れた。40歳前後のおばさんだ。彼女は、警官にお金を巻き上げられて途方に暮れる移民少年の話に同情して、僕たちを自宅へ招いてくれた。教会から車で十分ほどの、国境の川に近い地区に建つ家だった。

おばさんは、僕たちにあたたかい夕食をふるまい、ゆっくり休みなさいと言ってくれた。親切にされてすっかり安心した僕たちは、すぐに国境から一番近い大きな町、タパチューラへ移動するよりも、しばらくここに留まって働こうと考え始めた。そこで、思い切っておばさんに、何日か家に泊めてもらえないだろうかと頼んでみたんだ。僕たちの事情を察したのか、彼女は快く承知してくれた。そのうえ、ちょっとした仕事までくれたんだ。

おばさんは、10歳くらいの息子と娘を持つシングルマザーだった。生活費を稼ぐために、家の前に軽食を食べさせる店を出していた。10人くらいは座れる露天食堂だ。僕たちは、食堂でお皿を洗ったり、料理や水を運んだりして働いた。おばさんの車も洗った。昼間は働き、夜になるとおばさんの子どもたちと、故郷にいたときと同じように通りでサッカーをした。楽しかったよ。でも、いつまでもこうしているわけにはいかないことも、うすうすわかっていた。

数日後、おばさんが僕たちにこう言った。

「あなたたちをずっと助けてあげられたらいいんだけれど、そうもいかないの。ここは国境だから、このまま居続けたら、遅かれ早かれ移民局に見つかり強制送還されてしまう。できるだけ早く、国境から離れたほうがいいと思うの」

そのとおりだった。居心地がよかったために長居をしてしまったけれど、早く移動を始めないと、またあの悪徳警官たちのような連中に捕まって、下手をすればサン・ペドロへ逆もどりだ。

翌朝、僕たちはおばさんに心からの感謝を伝えて、冒険の旅を再開することにした。別れ際、おばさんは店の手伝いのお礼だと言って、僕たち一人ひとりに300ペソ（当時約2300円）ずつ渡してくれた。それを旅の資金に、ふたたびタパチューラへと続く幹線道路を歩き始めた。

しばらく行くと、道の両側は一面、トウモロコシ畑になった。と、前方の道沿いにある低い土手に、腰かけて休息をとる農民の姿が目に入った。トウモロコシの収穫をしている最中だった。彼らは僕たちを見るなり、こう話しかけてきた。

「君たち、よかったら、今日一日、収穫を手伝わないか？」

決まった予定があるわけではない僕たちは、申し出に応じることにした。ちょっとでも稼げるなら、それに越したことはないと思ったからだ。

夕方まで、畑で作業を手伝った。丸一日働いて、1人につきたった50ペソ（当時約380円）しかもらえなかったけれど、まあ仕方がない。また旅を続けるだけだ。僕たちは、お金をしまってから、少し進んで幹線道路を走ってきた車を止めて、ヒッチハイクで次の町を目指した。停まってくれた車は、当面の目的地だったタパチューラを通らずに、それよりちょっと先のウィストラという町まで行くということだったので、そこまで乗せてもらうことにした。そこにも「移民の家」があると聞いていたからだ。

ウィストラの「移民の家」で一晩すごした翌朝、改めてタパチューラを目指した。今度はちゃんとお金を払って乗り合いバスに乗ることにして、発着場所まで行った。ワゴン車を改造したタパチューラ行きの小型バスは、1人、2人とお客を積んで満車になるのを待っていた。僕たちはそれに乗りこみ、いざ出発。町までほんの15分か20分のはずだった。

バスは、両脇にヤシやバナナの木がたち並ぶサン・ペドロとよく似た風景のなかを、まっすぐに走り続けた。車内で僕たちは、粋な旅人気分でワイワイとおしゃべりにふけっていた。不法入国したことなんかすっかり忘れて、浮かれていたんだ。そこへ、またしても不

メキシコ国内、鉄道線路沿いにある「移民の家」。男性がフェンスに取り付けているシートには、「ようこそ、移民のきょうだいたち」と書かれている。

運がめぐってきた。

バスの通り道では、メキシコ中央政府直属の連邦警察が、「南」から来る移民や麻薬密輸業者を取り締まるために、検問を実施していた。国境地帯だから当然のことだったんだけれど、僕たちは油断しきっていた。

道路脇に立っていた連邦警察官が手を振って合図をすると、バスはゆっくりとスピードを落として、彼らの前に停車した。乗客は全員、降りるように指示された。僕たちは、焦りに焦った。ここで不法移民だと知られるとまずい。必死でごまかそうと、メキシコ人の振りをした。けれど、無駄だった。言葉のなまりで、中米から来たことがバレてしまったんだ。

そう、僕たちはメキシコ人と同じくスペイン語を話すんだけれど、アクセントやちょっとした言葉遣いが違うんだ。国境地帯で毎日のように移民を相手にしている連邦警察官には、その違いが簡単にわかってしまい、ごまかせなかった。

それでも何とか強制送還を逃れようと、僕は250ペソを警官に差し出した。ほかの2人も持っていた携帯電話やお金を渡した。またしても「賄賂」の出番だ。ラテンアメリカでは、それが警察の追及を逃れるための常套手段というわけさ。案の定、見逃してくれた。

危機を脱した僕たちは、手持ちのお金がほとんどなくなってしまったので、バスを使うのをあきらめ、またヒッチハイクで乗り切った。

タパチューラは、メキシコの南の国境地帯でもっとも大きな町だ。少し南西へ行けば太平洋に出るため、海風の影響で町の空気はじわりと湿っていて、真夏のような日差しが故郷を思い出させた。景色もどことなく似ている。僕たちは、そこで「移民の家」を探し、泊まる場所を確保した。それから街なかに働きに出かけたんだ。お金がないと、旅を続けるのが難しいからね。

初めは店を一軒一軒、仕事はないか尋ねてまわったけれど、見つからなかったので、信号のある交差点で止まった車のフロントガラスを磨いたり、繁華街へ買い物に来て路上に一時駐車した車の番をしたりして、チップを稼いだ。もうかりはしないけれど、多少なりとも旅の資金を貯めるのには、役立った。サン・ペドロでもそういう仕事はよくあるから、やり方は知っていたんだ。

翌日も同じように働いて、夜遅くまで街なかでお金を稼いだ。そしてそのまま、路上で一晩をすごした。すっかり冒険気分だったんだ。そんなとき、旅仲間のひとり、僕と同い年のアレクサンデルが、こんなことを言い始めた。

「みんなでアメリカ合衆国を目指そうよ！」

聞けば、彼には故郷に残してきた恋人と、彼女との間にできた幼い娘がいるという。彼も僕と同じように、マラスに追われていたんだ。彼の恋人というのは、別のマラスメンバーの恋人で、アレクサンデルは彼女と恋仲になったために、恋敵から命を狙われたといっていた。彼は、豊かな「北」の国へ行って働き、家族を支えたい、できれば家族を「北」へ呼び寄せたい、と考えていた。

僕は、アメリカ合衆国行きにはそれほど興味はなかった。向こうに誰も知り合いはいないし、頼れるものがなかったからね。でも、ほかに目標があったわけでもなかったので、彼の誘いに何となく、それもいいかな、と思った。それで話に乗ったんだ。結局、３人でアメリカ合衆国に行くことになった。

9　「野獣」――ラ・ベスティア

翌朝、まだ薄暗いうちから、僕たちはタパチューラの駅を出た「ラ・ベスティア（野獣）」が通る線路沿いで、ひたすらそのときを待った。

ラ・ベスティアとは、メキシコ国境からアメリカ合衆国へ向かう貨物列車の通称だ。大きな貨物用車両が何台も連なって走っている。僕たちのようにメキシコの南の国境から北のアメリカ合衆国を目指す人間は、たいてい、この列車の屋根に乗って旅をする。屋根が「無料の旅客席」になるわけだ。

列車に、なぜ「野獣」なんて恐ろしげなニックネームがついているのかというと、その背中に揺られる旅は、想像以上につらく厳しいものだからだ。よく晴れた日は、長時間、焼け付くような日差しにさらされるから、へたをすると脱水症状になる。旅の途中で移民局の目に留まったりすると、逃げようとして屋根から落ちたり、連結部分にひっかかってけがをしたり、列車にひかれて死んだりする人もいるらしい。

みんな、マラスから逃れる、貧乏から抜け出すために先進国で働く、出稼ぎに行ったきりもどってこない家族を見つける……、といったそれぞれの理由から、アメリカ合衆国行きの「野獣」の背中に乗る危険な旅に挑むわけだけれど、誰もが成功するわけじゃない。それでも挑戦しないよりはマシだと考えて、実行に移すんだ。故郷には希望がないからね。毎年、何十万人もの人間が「野獣」と旅に出る。

僕たちも、それぞれの思いで列車の姿が見えるのを、じっと待っていた。すると、彼方から人が走るのと変わらないくらいゆっくりと、ラ・ベスティア（「野獣」）が近づいてきた。僕たちはまず列車の連結部分に飛び乗り、屋根によじ登った。そこには、先客が何十人もいた。みんな、着の身着のまま旅に出た、という軽装だ。若い男が多いけれど、女性や子ども、家族連れもいる。そこには期待と不安が入り混じった顔が並んでいた。

野獣の背中に落ち着くと、僕は急に気が大きくなってきた。旅仲間は大勢いるし、思っていた以上におもしろそうだったからだ。上機嫌になり、アレクサンデルとたわいのないおしゃべりを始めた。

「この旅、結構イケてるじゃないか！　楽しもうぜ！」

と、いい調子で話し続けた。未知の旅路にワクワクしていた。

不法移民が屋根に乗ってアメリカ合衆国とメキシコの国境を目指して旅することで知られる「ラ・ベスティア（野獣）」。

ところが、事態は急変した。まさに、「とんでもないこと」が起きたんだ！

突然、列車の横を6台のバンが並走し始めた。と、まもなく、そのなかから20人くらい男が飛び出してきて、ナイフなどの武器を手に、つぎつぎと列車の屋根に登ってきた。

「おまえたち、100ドル払わないと、こうなるぜっ！」

先頭にいた男がそう言い放った。そいつの手には、人間の生首が握られていた。冗談じゃない、本当の話だ。彼らは、マラスのようなギャングだったんだ。「修羅場」だった。人々は恐怖のあまり、パニック状態に陥った。それぞれ、お金や腕時計などの金目のものを差し出したり、命乞いをしたり、ひたらす逃げ出したりと、右往左往した。僕たちもとっさに列車を飛び降りて、考える間もなく、線路沿いに列車の進行方向とは反対の、タパチューラの町のほうに向かって駆け出した。後ろを振り返る余裕すらなかった。遠くへ遠くへ、列車から離れることだけを考えていた。

そうやって走り続け、どのくらい時間が経っただろう。列車もギャングも視界から消えて、僕たちはようやく走る速度をゆるめ、やがてトボトボと歩き出した。予想外の展開に頭は真っ白になり、まだ恐怖に震えていた。けれど、計画が完全に狂ってしまったことは確かだったので、少しずつ平常心を取りもどして先のことを考えようと努力した。とりあえずはタパチューラの町にもどって、態勢を立て直そうと決めた。

心が落ち着いてきたら、異常にお腹がすいてきた。朝から何も食べていなかったからだ。そこで僕たちは、食べ物を手に入れることを考え始めた。どうしようかと思いながら歩いていると、前方にいくつかの人影が見えてきた。目を凝らしてみると、その人たちが食事をしているらしいことに気づいた。線路沿いの草っ原にテーブルと椅子を並べて、何か食べている。近づいてみると、それは大きなトリの丸焼きをおいしそうに頬張る5人の男たちだった。

僕はさりげなく歩み寄り、彼らにこう言った。

「すみません。お水を1杯いただけませんか」

本当は「その丸焼きを少し分けてもらえませんか」と言いたかったんだけれど、恥ずかしさが先に立った。すると男の1人が、気さくに「もちろんだ。君たち、よかったら一緒にトリも食べないかい?」と誘ってくれた。僕は心底、「なんていい人たちなんだ!」と思ったよ。でも一方で、1人の男が腰に銃を下げていることにも気づいていた。警戒心をゆるめずに、勧められた席についた。

食べ始めると、男たちは僕たちの様子を観察したのか、

「君たちは移民のようだが、どこから来たんだい？」

と、尋ねてきた。移民であることはもうバレていると悟った僕は、とっさに、

「中米のニカラグアから来ました」

と、答えた。ニカラグアは、ホンジュラスの南隣の国だ。万一、この人たちが移民局関係者か何かだった場合、いきなりサン・ペドロへ送り返されないように、わざと嘘をついたんだ。僕の言葉を受け、男たちは、

「私たちは連邦警察の者だが、今日は非番なんだ」

と、言った。どうりで制服を着ていないわけだ。それから、

「この辺りでは、最近、殺人事件が頻発しているから、君たちも気をつけなきゃいけない」

と、忠告してくれた。そう、同じ連邦警察でも、乗り合いバスを止めて金を奪っていた警官たちと違って、とても親切な人たちだったんだ。

すっかりごちそうになった僕たちは、それまでの緊張が解け、素直な気持ちになって、少し身の上話をした。国境の町でいきなり地元警官4人に「おまえたち、移民野郎だな！」といわれて暴行を受け、挙げ句の果てにお金まで巻き上げられたことを話したんだ。彼らは驚いた表情で、僕たちにこう説いた。

「たとえ君たちが不法移民であっても、警察官がそんなことをするのは許されない。相手が未成年ならなおさらだ。大問題だよ！　事件については、町の検察庁の事務所へ行って告発すべきだ。必ず力になってくれるから」

まっとうなアドバイスをくれる警官に、僕は自分が不法入国をした経緯も話すことにした。故郷にもどることにでもなったら、命はない。その危険について訴えたかったんだ。僕の話を聞いた警官は、真剣な面持ちで、こう言ってくれた。

「検察でくわしく話をして、移民局へ訴えれば、必ずＣＯＭＡＲの保護を受けられるはずだ。町まで送るから、さっそく手続きをしてはどうだい」

ＣＯＭＡＲというのは、「メキシコ難民支援委員会」のことだ。難民支援委員会に難民として認めてもらえれば、強制送還はなくなるという話だった。僕たちが食事を終えると、彼らは言葉通りに、タパチューラの町まで車に乗せていってくれた。

79

10 難民認定を目指して

タパチューラに到着すると、連邦警察の人たちはすぐに検察と連絡をとって、地方警官による暴行事件の事情聴取を受ける段取りを整えてくれた。事情聴取はおよそ1週間後と決まったので、待つ間の宿まで用意してくれたんだ。

宿は、警察署のすぐ裏にある住宅だった。きれいな寝室が4つあり、広々としたリビングもついている快適な空間だ。しかも、僕たち以外に人はおらず、貸切状態だった。リビングには大型テレビが置かれ、映画のDVDがたくさん用意されていた。エアコンもついていた。まさに天国のようだ。

これまでの緊迫感はどこかへ吹っ飛び、僕たちは毎日、大画面テレビで映画を観たり、街に出かけて散歩をしたり、文字通り遊んで暮らした。食事もついているからお金はいらないし、何一つ不自由のない生活だ。

数日経つと、もう2人、アメリカ合衆国を目指している移民の男たちが入ってきた。彼らも何かの手続きを待っているようだった。僕たちは、よく一緒にサッカーをした。みんな、しばし過酷な旅のことは忘れていた。

連邦警察の施設に世話になっている間に、僕は正式な難民申請をすることを勧められた。連邦警察の人によれば、僕のようなケースならば、きっと難民と認められ、強制送還がなくなるだけでなく、さまざまな支援も受けられ、メキシコで合法的に生活できるようになるということだった。うまくすれば、もう「逃げる」必要はなくなるかもしれない。

あれこれ考えているうちに、検察の事情聴取の日が来た。警察署に現れた役人は、「国境の町で君たちを殴ってお金を盗った警官たちのことを、くわしく聞かせてほしい」と言った。僕に警官の写真を何枚か見せ、僕たちを殴った警官がいるかどうか、確認するよう促した。僕は一枚一枚じっくりと眺めたけれど、なかなか顔のわかる人間は見つからなかった。が、一枚だけ、見覚えのある顔があった。頬に大きなアザがある女性警官で、その人だけはよく覚えていたんだ。

僕がそう伝えると、役人は自分のノートに僕の証言を記録した。終わると、最後にCOMARのパンフレットを取り出して、こう言った。

「これをよく読んでおいて、移民局の事情聴取の機会が来たら、君が国を出てきた事情を、くわしく説明しなさい。そうすれば、その話が真実だと確認できしだい、君は合法的にメキシコに残ることができるようになるはずだ」

警察で勧めてくれたことは、本当だったんだ。僕にとって、この選択肢は大きな希望だった。命の危険を感じずに暮らせる環境が手に入るなら、やってみる価値はある。アレクサンデルたちにも話したけれど、彼らはメキシコに残ることは考えていないようで、落ち着いたらまた旅を続ける、と言った。ここから先は、別々の道を歩むことになる。

僕は2人と抱擁を交わし、互いにがんばろうと励ましあって別れた。それから移民局へ移動した。そこには面接官が待ち受けていて、まずメキシコへ来た経緯を話すように言われた。

僕は、マラスの仲間に殺人を命じられて、人殺しはできないと思ったこと、命令に背けば自分が殺されるということ、その状況から逃げるためにメキシコへ来たこと、地元警察にひどい目にあい、そのあと列車の屋根に乗って旅をしていたらギャングに襲われたこと、逃げていたところで連邦警察に助けてもらったことを話した。

最後にもう一度、故郷に帰れば殺されるんです、と訴えた。

面接のあと、僕は移民局が持つ一時収容施設へと案内された。難民審査には時間がかかるから、そこで待たなければならないということだった。あとはただ、いい結果が出ることを願うしかなかった。

移民局の一時収容施設は、ひどい所だった。連邦警察の施設が天国だったとすれば、こちらはさしずめ「刑務所」だ。殺風景な所で、中米から来た人間が200人以上はいたのに、それにしては何もかもが小さく、息苦しかった。

そこでは昼間、ほぼ全員が中庭ですごさなければならなかった。けれど、庭はバスケットコートが1面、フットサルができるくらいの大きさのサッカーコートが1面とれる程度の広さで、あっという間に人でいっぱいになった。ほかにはプレイルームのような部屋があって、何人かはそこでゲームをしたり、ラジオを聴いたりしていた。単調な毎日の繰り返しだった。

夜になると、「牢屋」のように鉄格子がついた部屋に入らなければならなかった。国籍別に部屋割りがされていて、僕はホンジュラス人ばかりの部屋にいた。となりはグアテマラ人の部屋だ。本当は6人で使うべきところに20人くらい詰めこまれていて、トイレも各部屋のなかに1つ設けられているだけだった。寝るときに使うマットレスも、薄っぺらいうえ、数が全然足りなかった。

寝る場所やマットレスの取り合いになって、僕は最初のころ、いつもトイレに座って寝ていた。そのうえ明かりが24時間ついていて、とてもぐっすり眠れる環境じゃなかった。監視カメラもあった。

朝は起きると一番にシャワーを浴びることになっていた。でも、シャワールームの数が少なかったから、毎日行列して待たなければならなかった。シャワーが終わったら朝食をとり、それ以降、食事時間以外はずっと中庭かプレイルームにいさせられた。特別な外出日以外、ほとんど自由がなかったんだ。

ある日、僕たちホンジュラス人は、夜寝るときのマットレス不足を解消するために、一つの作戦を決行した。

まずは何日かかけて、歯ブラシの柄を部屋の仕切りになっている金網に擦《こす》りつけて研ぎ、ナイフのようにとがらせた。金網と天井との間には人ひとり通れるくらいの隙間があった。夜、となり部屋のグアテマラ人たちが寝ついた時間を見計らって、手づくりナイフを手に金網をよじ登り、上の隙間から彼らの部屋に侵入した。

彼らをナイフで脅して抵抗できない状態にして、マットレスを上の隙間からつぎつぎと自分たちの部屋のほうへと放りこんだんだ。悪いことをしたんだけれど、正直、やっているときは爽快だった。

僕たちホンジュラス人の部屋には、元マラスのメンバーが、僕以外にも何人かいた。ちょっと悪さをして楽しむような雰囲気だったんだ。施設では週に2、3度、別の施設にサッカーをしに行く「外出デー」があったんだけれど、僕たちはそのとき、外でこっそりマリファナを手に入れ、部屋のトイレに隠れて吸っていた。

気づいたグアテマラ人たちは、僕たちにマットレス事件の復讐をするために、あるとき、施設職員に聞こえるような大きな声で、「マリファナの匂いがする」と騒ぎ始めた。駆けつけた職員に、「吸っているのは、ホンジュラス人だ」と告げ口したんだ。

おかげで僕たちは、罰としてしばらくの間、トイレに閉じこめられるはめになった。今思えば、グアテマラ人が「チクった」気持ちはわからないこともないけれど、当時はとにかくムカついた。ギャング時代のような気分になっていたのかもしれない。

だから告げ口をしたグアテマラ人のことが許せなくて、トイレから解放された際、そのなかの1人に殴りかかってしまった。もちろん相手も反撃してきた。取っ組み合いのケンカだ。手がつけられないと判断した施設職員たちは警備員を呼び、警備員は持っていたゴム製の弾が入った銃で、僕たちを撃った。それで騒ぎは収まった。でも、僕には説教が待っていた。

僕は移民局の事務所に呼ばれて、こう言われた。

「難民申請をしたんだったら、もっとちゃんとしろ。ここで問題を起こすなら、ＤＩＦへ行け」

ＤＩＦ（「家族統合開発機構」）というのは、メキシコの政府機関で、貧しい家の子どもや薬物依存の問題のある若者などを支援している役所だ。家庭が貧しくて養ってもらえない子や虐待された子、路頭に迷っていた子、それに僕たちのような移民の子どもも保護する施設を運営していた。問題児の僕は、そこへ移れ、というわけさ。

最悪の環境の施設を出られることはうれしかったけれど、僕と同じ体験を持つホンジュラスの移民たちと別れるのは、少し寂しかった。でも仕方がない。自分でまいた種だ。

２週間ほど滞在した移民局の施設を出て、僕はタパチューラ市内にあるＤＩＦの施設に入った。

11 降って湧いた幸運

運がいいことに、そこは1人1部屋使える、しかもちゃんと自分用のベッドもある施設だった。移民局の施設よりもずっといい。とはいえ、毎日決まった時間に決まったことをやるというところは、似ていた。

朝は常にシャワーから始まって、朝食を食べたら、自分の部屋や廊下、中庭の掃除をした。終われば、共有スペースにあるテレビを観たり、サッカーをしたり、昼食までは好きに遊んだ。午後もまた同じ。土日だけ、工作をしたり、ダンスを習ったり、歌をうたったりする特別なアクティビティの時間があった。それ以外は、単調な生活だ。夜は9時になると、すべての扉に鍵がかけられ、部屋から一歩も出られなかった。テレビすら観られない。もう寝るしかないわけだ。

同じ施設で暮らしていた子どもはみんな、僕のような外国人、つまりは大半が子ども移民だった。中米からの子が多かったけれど、なかには南米のエクアドルからやってきた子もいた。全部で30人ほどだ。メキシコ人はおそらく、ほかの建物にいたんだろう。僕のようにギャングだった悪ガキ少年もいれば、もっとおとなしい子もいた。

でも、ほとんどの場合、4、5日いたかと思ったら、祖国へ強制送還されていた。難民申請はしていなかったか、無理だと言われていたのかもしれない。僕と同じように申請の審査結果を待っている子は、5人程度だった。

施設には、医者もいた。僕はその医者、イバンさんと仲良くなった。彼は、僕が難民申請の結果を待っていることや、それには相当時間がかかることを知っていたから、ときどき、服やスニーカーをプレゼントしてくれた。僕は気を紛らわせるために、よく彼のところに雑談をしに行った。

施設には、事務員や警備員、料理人、心理カウンセラーなどのスタッフがいて、僕たちはときどき、カウンセリングを受けた。カウンセラーは、施設に新しく入ってきた子ども優先で、カウンセリングを行なう。その子が特に話したいことがあるかどうかと関係なく、カウンセリングルームに呼んで、「何でもいいから、話してみて」と言うんだ。

僕も最初は、そうやっていろいろと事情を聞かれた。何度か話をしたら、あとは「また、いつでも話したくなったら来てちょうだいね」と言われて、終わりだった。カウンセラーはある程度の話を聞いて、「もうこの子は大丈夫だろう」と思ったら、そうするんだろう。カウンセリングを受けたことは、よかったと思う。頭のなかでグルグルまわっていることを誰かに話すのは、ストレス解消になるからね。大したことは話さなかったけれど、それでも意味はあった。一番大きかったのは、家族と連絡をとることについて相談したことだ。

メキシコに来てからずっと、いつか家族と話さなきゃ、と思っていた。誰にも何も告げずに出てきたから、みんなが心配していることはわかっていたからね。

それでも僕は、ためらっていた。僕が逃げ出したせいで、もし家族に危害が加えられていたらどうしよう、人殺しはしたくないと言っていたファンはどうなったんだろう、などと考えると、現実を知るのが怖かったんだ。そのことをカウンセラーに話すと、

「じゃあ、難民申請がうまくいったときには家族にちゃんと話ができるよう、私が連絡をとる手だてを考えておいてあげるから。君はまず自分の心配だけをしていればいいのよ。そのあとで、家族のことを考えなさい」

と、アドバイスしてくれた。

もし家族と連絡をとって、何か悪い出来事を知ったうえに、自分も難民認定を受けられ

ずに帰国を余儀なくされた場合、僕が救いようのない絶望感を抱えて帰国の途につかなければならなくなるのを避けたかったんだろう。そのアドバイスは正解だった。

カウンセラーと話をしていたとはいえ、心のなかの葛藤は、ほとんどまだ誰にも打ち明けられずにいた。サン・ペドロでの自分の経験を細かく語ることはしなかったんだ。多くのことを自分ひとりで抱えこんでいた。そのせいで、夜になるとよく恐ろしい夢をみた。難民申請が却下されて、サン・ペドロへ送り返される夢、そして殺される夢……。とにかく不安でたまらなかったんだ。

そんな精神状態のせいで、ろくなことを思いつかなかった。もしかしたら難民認定を受けられないかもしれない、それで強制送還になったら終わりだ。恐れるあまり、僕は万一の場合の「非常手段」を考え始めていた。難民に認定されなかったら、即、施設を脱走して、旅を続けよう。そのためには資金がいる。何とか稼ぎ出さなければ。そう考えて、施設に入ってくる「新入り」から、お金を巻き上げることにしたんだ。まわりには僕と同じようなノリの子もいたから、彼らとつるんで施設に来たばかりの子を脅しては、お金を取り上げた。

やがて、難民支援委員会が追加の事情聴取をしに来た。今度は前回よりも細かく、筆記録もきちんととられた。録音もされた。いよいよ本格的になってきた、という感じだ。もしかしたら、結論が出る日が近いのかもしれないと思うようになった。

それから何週間か経ち、ＤＩＦの施設での生活も４カ月になろうとしていたころ、その知らせは届いた。難民に認定されたんだ！　もう泣きそうなくらい、うれしかったよ。ついに死の待つ町へと送られる恐怖から、解き放たれる日が来たんだ。

認定が下りるとまもなく、僕はＤＩＦの施設を出て、この国の首都、メキシコシティのＮＧＯ（非政府組織）が運営する施設で生活することになると、告げられた。そこへ行けば、普通の家で暮らしているのと同じように、学校へ行って勉強もできるし、職業訓練を受けることもできるという。ギャングや不法移民の人生を離れ、まったく新しい道を歩めるというんだ。

メキシコシティ。それは以前、映画とかで観たことのある街だった。大都会で、有名な遺跡や歴史ある建物、摩天楼もある。そこへ行けると聞いただけで、ワクワクした。向こうに着いたら、ここもあそこも行ってみたい。ほとんど観光客気分だ。幸運が降って湧いた！　という感じだった。

12 新しい生活

2014年の2月13日、早朝、タパチューラの空港から飛行機に乗って約2時間。僕はメキシコシティにやってきた。瞬きしたら、ここにいた！　って感じさ。ホンジュラスを離れて5カ月あまり、まさに「新しい生活」の始まりだ。

サン・ペドロを飛び出してから、ほとんどずっと故郷と同じような蒸し暑い土地を旅したあとに腰を落ち着けることになった街は、からりと爽やかな空気におおわれた、高原の都市だった。昼間は25度前後とあたたかいけれど、朝夕は寒いくらいの気候で、これまでに住んだことのない環境だ。年中いつでもランニングシャツだけですごしてきた僕は、「寒いのは苦手だよ～」と震えたくらいさ。着いたばかりのころは、そんな印象だった。

難民支援委員会に紹介されたNGO施設は、街の中心に近い住宅街にあった。地下鉄の駅のすぐそばで、どこへ行くにも便利な所だ。地域には、僕が育ったスラムほど貧しい人はいないようだったけれど、まあまあの収入の人たちが住んでいた。

施設は普通の3階建ての家で、通りに面した黒い扉を入ると、食事用の大きなテーブルが置かれたスペースがあり、左手にはソファやテレビのあるリビングが、奥には台所があった。

台所では、料理人のおばさんが、施設にいる人全員の食事をつくっていた。2階には、スタッフの事務所と2段ベッドが並ぶ子ども用の部屋とバスルームが、3階にも同じような子ども部屋があった。

12歳くらいから17歳までの男子の定住施設で、年齢の近い少年同士がここでの生活に慣れた度合いによって分けられ、1部屋5、6人で生活していた。僕はそのコミュニティの一員になったわけだ。

僕が施設に到着したのは、平日の朝だった。学校のある時間帯だったせいか、そこに住んでいるはずの少年たちのほとんどが留守で、スタッフ以外、誰も話しかけてくれなかったから、少し不安になった。でも、夕方になると、学校や仕事に出ていた子たちが帰ってきて、話し相手ができた。ホッとしたよ。

当時、施設には20人くらいの少年が暮らしていて、世話役としてスタッフ数人が、昼と夜、交代で働いていた。普通の家庭にいる子どもたちと同じように、みんなが学校に通ったり、働きに行ったりしていたので、僕も手続きさえすれば、施設のなかに閉じこめられるのではなく、外で勉強したり、働いたりできるようになるということだった。

僕たちは、当番制で部屋やトイレやリビングの掃除をしたり、食事の準備をしたり、自分の服を洗濯したりした。空いている時間には、宿題をしたり、テレビを観たり、みんなで外にサッカーをしに行ったりもした。ほかにも毎日、スタッフの手で、いろいろなアクティビティが用意されていた。リビングの壁に貼られている時間割に沿って、人間関係の築き方、麻薬問題、性の問題、ＨＩＶ–エイズ、非暴力についてなどのワークショップが行なわれるんだ。

施設にいる子たちはみんな、僕のような元ギャングではないにしても、ここへ来る前は路上生活をしていたり、薬物依存だったり、親に虐待を受けていたり、何かしら問題を抱えていた。同じ状況に陥ったり、間違いを繰り返したりしないように用意されたワークショップだったんだ。

きょうだいのような年齢の仲間たちとの共同生活は、楽しいこともあったし、イヤなこともあった。みんな性格が違うから、当然だ。でも、それまでの生活よりはずっとよかった。遊び友だちもできたし、より自由で安心感があったからね。ただ、最初の数カ月は、

アンドレスが3年間暮らしたNGO「カサ・アリアンサ・メヒコ（Casa Alianza México）」の施設の少年たちは、近くの公園でよくサッカーに興じる。

外出するときにはいつも、得体のしれない不安を感じた。

たとえば、外を歩いていて、車がすぐ脇を通っただけで、逃げ出したくなった。敵のマラスに狙われているかのような感覚に襲われたからだ。パトカーを見ても、怯《おび》えた。後ろに誰か歩いていると、自分がつけられているのではないかと疑いたくなった。僕たちがサッカーをしに行くコートにはときどき、シンナーのようなものを吸っている目つきのおかしい若者たちがいたんだけれど、彼らと顔を合わせるのも怖かった。

ホンジュラスでは、ギャングがマリファナをやっていたけれど、シンナーはマリファナを買うお金のない路上生活者などが使うものだったので、僕のまわりで使っている人間はいなかった。見慣れない様子が恐ろしかったんだ。

特に、夜が怖かった。実際は僕の勝手な妄想にすぎなかったんだけれど、近所の若者たちのなかには、マラスのようなルックスの人間もいたので、彼らに出くわすと、しぜんと恐怖心が湧いてきた。とはいえ、その恐怖心も時間とともに消えていったよ。

唯一、ぬぐい去れなかったのは、ギャング時代にしたことや、バトス・ロコスの仲間に追われる身になったという現実から生まれてくる強迫観念だった。起きているときは感じなくても、寝ていると夢のなかでときどき、過去が蘇った。自分の目の前で殺された人たちの顔や、冷酷な仲間の姿にうなされることもあった。自分がまだサン・ペドロにいるような錯覚に陥り、殺し屋に見つかりそうになって目が覚めることもあった。

そんな悩みを施設の心理カウンセラーに話せばよかったんだけど、僕にはどうしてもできなかった。心のなかではまだ、過去が過去になっていないぶん、他人には話しづらかったんだ。冷静に語れる自信がなかったし、どこかで「どうせわかってもらえない」と感じていた。心を開くには、もっと時間が必要だったんだ。

そうした心の奥の問題を別にすれば、施設で暮らすなかでの最大の悩みは、「規則正しい生活を身につけること」と「スタッフとのつき合い方」だった。移民局やＤＩＦの施設では、まわりがみんな中米の人間だったし、狭い空間に大勢の人間がいて、毎日のスケジュールも単純、スタッフとの関わりも最低限しか必要なかったから、日常生活のルールや習慣、会話で悩まされることはほとんどなかった。

ところが、メキシコ人に囲まれて暮らすようになり、しかも普通の家庭のように注意やしつけをする大人がいて、少人数で規則正しい生活をする環境におかれて、僕はとまどっていた。たぶん、それまでそんな生活をしたことがなかったからだ。幼いときはともかく、11歳くらいからは、おじいちゃんやおばあちゃんの家にいたときでさえ、いつ何をするかは、自分で勝手に決めていた。日常生活のリズムなんてものは、全然気にしていなかったんだ。

施設では、毎日決まった時間に起きて、予定通りのスケジュールをこなし、就寝時間には部屋にいなければならない。自由な時間もあるけれど、それを楽しむには決まり事をきちんと守ることが条件だ。決まり事を守らないと、スタッフがいろいろと注意してくる。

僕はそれがいちいち気に入らず、キレてばかりいた。人に指図されるのが、とにかくイヤだったんだ。180度変わった生活環境になかなかなじめず、反抗期のような状態に陥っていたのかもしれない。ひどいときは、昼食に出てきたメキシコ料理が気に入らなくて、「食べたくない!」とごねたこともあった。今じゃ大好きな料理なんだけどね。

自分がやり忘れていたことを指摘されて腹を立て、相手の子を殴ったこともあった。僕に指示をしたスタッフにいら立って、本人を殴る代わりに、彼の背後のガラス窓をたたき割ったことも。自分をコントロールできるようになるまで、時間がかかった。

しばらくして落ち着いてくると、少しずつ、自分なりの目標を持てるようになった。マラスにいたせいでできなかったことを、やり直すことから始めたんだ。まずは忘れかけていた小学校での勉強を復習して、そのあと、中学校の勉強を始めた。メキシコには、15歳以上を対象にした「成人教育プログラム」、ＩＮＥＡと呼ばれるものがあって、そこで勉強し、試験を受けて単位をとっていけば、早ければ5、6カ月で小・中学校の卒業資格がもらえる。

同じ施設に暮らす少年5人ほどと一緒に、月曜から金曜の朝8時から午後1時まで、施設の近くにあるＩＮＥＡの教室へ通った。国語（スペイン語）、数学、理科、メキシコ史といった科目を勉強した。教室には、30人ほどの生徒がいて、大半は15歳から20代くらいだったけれど、ほかに数人、もう50、60代の大人もいた。その人たちには、1人の先生がつきっきりで教えていたよ。

僕たち若者の担当は、パコ先生だった。35歳の優しくて教え方の上手な先生だ。彼のおかげで、僕は結構いいペースで勉強をこなしていった。ＮＧＯ施設に来てから5カ月くらいの間に、メキシコの中学校レベルまでの卒業資格を手にすることができたんだ。自分に自信がつき、新たな目標も持てるようになった。パコ先生には、とても感謝しているよ。

中学の卒業資格をもとに、今度はＮＧＯの紹介で、ホテルでの職業訓練プログラムに参加できることになった。一流ホテルの現場でホテル業務を身につける内容だ。毎週、月曜から金曜の朝9時から夕方5時まで、異なる業務の訓練や勉強をした。

月曜は、あるホテルで英語レッスンを受けた。僕にとっては、生まれて初めての英語の勉強だ。火曜から木曜までは、別のホテルで部屋の清掃、カフェテリアやレストランのウエイターやバリスタ、ミニバーの商品チェックと補充、客室のシーツやタオルの洗濯、パーティー会場のセッティングなど、いろいろな仕事の段取りを習った。金曜には、また別のホテルで、心理学やリラクゼーション、歌やダンスといった、接客に必要な心構えや芸を身につける授業を受けた。すべてをきちんと修了すれば、一流ホテルに就職できることになっていた。

メキシコ生活にようやく慣れてきて、僕は改めて自分の幸運に感謝した。なぜなら、僕と同じような事情で故郷を飛び出してきた子どもは大勢いるし、実際に同じ移民局やＤＩＦの施設で一緒に難民申請の審査結果を待っていた子もいたのに、結局、願いがかなわずに強制送還されてしまったケースを、たくさん知っているからね。

それに比べて、僕はこうして新たな道を選択するチャンスを与えられ、前進している。何より、自由になれたんだ！

自由を得た僕は、久しぶりに家族と連絡をとる決心をした。殺人事件の騒ぎに乗じて家をこっそり抜け出してから、もうすぐ1年が経つ。おじいちゃんやおばあちゃん、兄さんに無事を伝えなければ、と思った。というのも、みんな、音沙汰のない僕のことを、「殺されてしまったに違いない」と考えているようだったからだ。

ＮＧＯ施設に落ち着いてから、僕はたまに兄さんのフェイスブックをのぞいていた。そこには僕の写真がアップされていて、それには黒いリボンがつけられていた。つまり僕は「死んだ」ことになっていたんだ。

ある日、ついに電話をして、おばあちゃんに、

「僕だよ！」

と言った。そうしたら、

「えっ、本当にあなたなの⁉」

という驚きの声が響き、すすり泣きが続いた。あとで兄さんたちに聞いたところによれば、おばあちゃんは僕がいなくなった直後から、悲しみのあまり、病気になって寝こんでいたそうだ。幸い、何とか回復してお店を続けていたらしいけれど、僕が生きていると知って、心底喜んでくれた。やっぱりおばあちゃんは、僕の「ママ」だ。

このときの電話で知った故郷の様子は、僕に「もうバトス・ロコスには追われていない」という確信を与えてくれた。というのも、バトス・ロコスの誰も僕の行方を気にしておら

ず、もう問題になっていなかったからだ。

それを知って、僕はますますメキシコでの新しい人生に、意欲を燃やした。ここでがんばりさえすれば、ギャングだった自分とはまったく異なる、もっとずっといい人生を手にすることができるに違いないと、本気で思えるようになったからだ。反抗したくなるようなこともあるとはいえ、ここにはとにかく僕にさまざまな選択肢を与えてくれて、応援してくれる大人がいる。それを生かすかどうかは、僕しだいなんだ。チャンスを自分のものにしよう！　そう心に決めた。そして故郷の家族にこう伝えた。

「メキシコでがんばるよ」

こうして僕は、無事にホテルでの訓練を終え、仕事ぶりも高く評価されて、1カ月後にいよいよ、ホテルスタッフとして働き始めることになった。ホンジュラスにいたころは想像もしなかったことだ。

勤務先は、メキシコシティのなかでもお金持ちや一流企業のビジネスマンばかりが集まる地域に建つ、世界的に有名な高級ホテル。高層ビルのなかに、豪華な客室とプールやスパ、シャレたレストラン、いくつものパーティールームを持つ宿泊施設だ。外にはテニスコートまで用意されている。まさに別世界。そこに集うのは、これまで僕が関わったこと

＊一流ホテルで働いていた時のアンドレス（右端・19歳）と、職場の仲間、上司（左端）。

のない、富裕層の人間ばかりだった。服装も振る舞いも求めるサービスも、何もかもが違う。僕にとっては、それがエキサイティングで魅力的だった。

働き始めてからは、いちいち説教をされなくても、毎朝きちんと時間通りに出勤した。ほかの子たちも、それぞれの学校や仕事にスケジュール通りに出かけるし、スタッフが声をかけてくれるから、しぜんと時間を守れるようになった。1年前の僕からは想像もできないことだ。職場でも、言われたことはきちんとこなした。

おかげで上司や同僚の評判はよく、最初は洗濯チームで働いていたけれど、まもなくワンランク上のセクション、パーティー担当のチームへ異動になった。広いパーティー会場で、椅子やテーブルや食器の準備、室内のデコレーション、料理や飲み物のセッティングをし、行事終了後は片付けをする仕事だ。以前の僕なら足を踏み入れることすらできなかったようなエレガントな場所で、見たこともなかった贅沢な料理や飲み物を扱うことに、ワクワクした。

こうした経験を通して、僕の人生に対する見方は、大きく変わっていった。将来について、具体的な夢を抱けるようになったんだ。ホテルでよりハイレベルな職種につくべくがんばるか、お金を貯めて自分で商売を始めるか。何をやるにしても、これからは自分しだいだ。

13 兄さんとの再会

僕の人生がいい方向へ進み始めていたころ、新たな問題が発生した。兄さんのことだ。兄さんとは、いつもフェイスブックで連絡をとりあっていたんだけれど、あるとき、こんなメッセージが送られてきた。

「おまえを恨んでいるヤツらが、僕を脅してきた」

家の前で殺された僕によく似た少年の兄貴が、弟は僕に殺されたと思いこんで、兄さんに「弟の居場所を教えないと、おまえを殺す」と脅しをかけてきたらしい。兄さんは、マラスのメンバーである男の脅迫に怯えきっていた。

無理もない。兄さんは、17歳くらいのときに12も年上の女性と付き合うようになって、今は幼い娘までいるから、自分だけでなく、家族が巻きこまれることを恐れていたんだ。すでに自宅を離れ、どこか別の地区の知人の家にかくまってもらっているようだった。そんな状況を知って、僕は施設のスタッフにある相談をした。

「僕が働いて貯めた貯金を全部、ホンジュラスにいる兄に送金したいんです」
兄さんがメキシコへ逃れる資金を送りたかった。しかし、スタッフは、
「それはできない。貯金は君がここを出て、自立生活を始めるときのためのものだから」
と、相手にしてくれなかった。貯金といっても、銀行に僕の口座があるわけではなく、代わりにNGOが管理してくれているものなので、スタッフが許可してくれなければ、どうにもしようがない。僕はしだいに焦り始めた。

スタッフは兄さんに、「サン・ペドロにあるメキシコ領事館へ行って、ギャングに脅迫されているので、合法的難民としてメキシコに住む弟のもとへ行きたいと相談するように」とアドバイスをしてくれた。

このことを伝えても、兄さんは、領事館がどこにあるかわからないのか、ほかに何か理由があるのか、このアドバイスに従おうとしなかった。僕はほかの手を考えるしかなかった。

思えば、メキシコシティのNGO施設に来て、もうすぐ2年になろうとしていた。僕はあと2カ月余りで19歳になる。難民は例外だけれど、このNGO施設では本来、18歳になったら自立生活に移ることになっていたので、僕もそろそろ施設を出ることを考えてもいい

時期だった。そこで、兄さんを助けるために決意した。来月、この施設を出て自活しよう。

翌月、僕は施設の仲間やスタッフに別れを告げ、街の北西部に小さな部屋を借りて、自立生活を始めた。そして、施設を出る際に受けとった自分の貯金をすべて、サン・ペドロにいる兄さんに送金したんだ。それを元手に、僕と同じようにメキシコへ来るように勧めた。すると兄さんは、さっそくグアテマラへ入り、メキシコの国境の町まで無事にたどり着いた。そこからさらにバスで、メキシコシティまでやってきたんだ。

僕たちは、2年ぶりの再会を心から喜んだ。性格は全然違うけれど、もともと仲のいい兄弟だからね。幼いころ、兄さんは僕にとって一番の親友だった。僕よりも強くて賢い男、自慢の兄だった。

兄さんが来てからの生活は、以前よりもずっと楽しくなるはずだった。でも実際には、その逆になってしまった。

僕は相変わらずホテルで働き、家賃などの生活費をまかなっていた。兄さんも、不法滞在でも雇ってくれる仕事を探して、建設現場での溶接工の職を得た。給金は大してよくなかったけれども、安全な環境で仕事を持って生活できるだけでも、ホンジュラスにいるよりはずっといい。僕はそう考えていた。

しかし、兄さんの考えは違った。故郷に妻と娘を残してきたことが影響してか、職場でのメキシコ人の同僚との関係や食事など、何にでも文句をつけるようになっていった。挙げ句の果てに、「もうサン・ペドロに帰りたい」と言い出す始末だ。

僕は、兄さんに言った。

「帰るのは危険だからやめておいたほうがいい。ここならたとえ不法移民であっても、命を危険にさらすことなく働くことができる。それに僕が何とかして難民認定を受けられるように、難民支援委員会に申請してみるから」

それでも兄さんは、ブツブツ文句ばかり並べ立てた。メキシコでのこれまでの経験を踏まえてアドバイスをしようとすると、僕との関係にまで不満を漏らすようになった。

「アンドレス、おまえは変わったな」

兄さんからすれば、以前と立場が逆転したような気がして、腹が立ったようだった。常に弟よりも強く、頼りになる兄貴だった自分が、今度はその頼りなく危なっかしいばかりの弟に説教めいたことを言われるのに、耐えられなかったんだろう。

僕は「このまま放っておくと、もしかしたら兄さんは本当にサン・ペドロにもどるかもしれない」と、無性に心配になってきた。そこで、次の提案をした。

「家族もこちらへ呼び寄せたらどう？」

僕が旅費を払うからと、義理の姉さんと1歳の姪っ子もメキシコに呼び寄せることを勧めたんだ。提案を聞いて、兄さんは「そうだな」と言った。そこで僕はさっそく、この計画を実行に移した。

兄さんが来てからおよそ1年後、義姉さんと姪が家族に加わった。僕はうれしくなった。だって、本当の家族が3人もそろったんだからね。それまでは、たとえ施設で大勢の仲間と一緒にいても、故郷の家族とすごしているのとは違った。どこか寂しさが抜けなかった。でもこれからは、兄さんの家族が僕の家族だ。

はしゃいだ僕は、仕事が休みの日には義姉さんや姪っ子を連れて、メキシコシティの有名な公園や観光地として知られる旧市街へ散歩に出かけた。動物園にも行った。ごく普通の家族らしい時間を持てることが、うれしかったからだ。

ところが数週間後、それらの行動が僕と兄さんの関係を壊してしまうことになった。僕にとっては予想もしないことだったけれど、兄さんには恐らく、そう振る舞う理由があったんだろう。兄さんは、義姉さんが僕と浮気するという妄想を抱くようになったんだ。

もともと義姉さんは、少し浮気性なところがあるようだった。兄さんがメキシコに来たあと、故郷に残っていた彼女は、僕たち兄弟が働いて稼いで送ったお金で、ほかの男友だちと遊びに出かけてばかりいるといううわさが、友だちのフェイスブックを通じて僕たちの耳に伝わっていた。

兄さんは当然、不安と苛立ちを感じていて、それも「サン・ペドロに帰りたい」と言った理由の一つだった。義姉さんと姪がそばに来てからは、気分も安定して、僕たち兄弟の関係もうまくいくはずだった。

ところが、義姉さんの男性関係に対する不信感と嫉妬心は、兄さんの心の奥底にくすぶり続けた。それが僕との関係にまで影響するようになったんだ。僕が義姉さんに親切にし、義姉さんが僕に対して前より親しげに振る舞うようになると、兄さんは僕が自分の妻にちょっかいを出していると疑い始めた。被害妄想だ。しまいには義姉さんを殴ったり、僕にケンカを吹っかけてきたりするようになったので、僕は頭にきて、一緒に住んでいた家を出た。いわれのない中傷に、嫌気がさしたんだ。別の地域に自分で部屋を借りることにした。

それ以来、兄さんとの連絡は途絶えた。向こうが僕に連絡しなくなったんだ。2人きりの兄弟なのに、あっけないものさ。僕は小さいとき、言うことをきかずに兄さんに殴られても、素直に受け入れる弟だった。兄さんが大好きだったからね。今でもそうだ。でも、兄さんにとっては何かが変わってしまったのかもしれない……。

14 本当の自立への道

兄さんたちと別れた後、僕はバカな過ちを犯すことになる。自分のせいで、大好きなホテルでの仕事を失ったんだ。それは、遅刻をする癖がきっかけだった。

実は、NGO施設を出て自立生活を始めてから、僕は何度か職場に遅刻していた。恥ずかしいことに、僕にはまだ自分で時間の管理をする習慣が身についていなかったんだ。誰も「もう時間だよ」と声をかけなくなったとたん、出勤時間をきっちりとは守れなくなっていた。それでも、僕の仕事ぶりを評価していた上司は、大目に見て、何度も「ちゃんと時間厳守しないとダメだぞ」と注意してくれていたんだ。けれど、僕は彼の忠告を十分には心に留めていなかった。

ある日、友だちとサッカーをしていて、出勤時間を忘れてしまい、仕事をサボってしまったんだ。欠勤することを知らせる電話すら、かけなかった。

翌日、上司にこう言われた。

「キミはいい仕事ができる青年だ。しかし、これだけ繰り返し遅刻をしたうえに、今度は勝手に欠勤したのだから、私としても、これまでのように見逃し続けることはできない」

当然の結論だった。彼は僕に、２つの選択肢を与えてくれた。

「私がクビにすれば、キミはそれなりの退職金をもらって、辞めることになる。だが、このホテルチェーンで働くことはもうできなくなるだろう。クビになったこととその理由が会社の記録に残るからね。だが、もしキミが自分から辞めるのなら、退職金は出ないが、もう一度、同じホテルチェーンの求人に応募することもできる。どちらがいいか、自分で決めるといい」

僕はこのホテルでの仕事がとても気に入っていて、ゆくゆくはもっと英語を勉強して、さらに上のレベルのスタッフになりたいとすら、考えていた。だから、「自分から辞める」という選択肢をとった。退職金なんてどうでもよかった。夢の可能性のほうを優先したんだ。

そもそも遅刻、欠勤するなんて、どれだけおろかなことをしたんだろう。と、今は深く後悔している。自分でもなぜそうなったのか、はっきりとはわからない。ただ、兄さんとケンカ別れしたこととホテルの仕事を失ったことは、しばらく僕の生活に暗い影を落とした。何をやっても長続きせず、うまくいかなくなってしまった。

仕事を失った僕は、借りていた部屋の家賃を払うこともできなくなり、やむを得ず、年上の女友だちの家に転がりこむことになった。僕が世話になったＮＧＯで知り合った友だちだ。彼女は、ＮＧＯ施設を出て自立生活を始める若者に就職先を探したり、アパートを探したりするのを手伝う仕事をしていた。そのあと、有名カフェチェーン店に転職して、今は病院の事務職に就いていた。部屋は空いているから使っていいわよ、と言ってくれたので、居候させてもらうことにした。

僕は次の仕事を探し始めた。さっそく求人広告の出ている一流ホテルに面接に行った。何日かして、「採用します」という電話がかかってきたんだけれど、「給料を振り込むための銀行口座を持っていることが、契約の条件なんですが」と言われて、あきらめざるを得なかった。一流ホテルはどこも、従業員の給料は銀行振り込みと決まっていて、口座も開けないような人間は信用できないから雇えないという意味でもあった。

僕が辞めたホテルにも同じ規則があったんだけれど、ＮＧＯからの紹介で訓練を受けて就職したことで、僕だけ例外を認められて、給料を現金で受けとっていた。

「子ども難民」は、大人になって自国のパスポートがもらえるまで、銀行口座を持つことができない。その事情に配慮してくれたんだ。ホンジュラスでは21歳が成人年齢で、それ以降なら僕も自分名義のパスポートを発行してもらえる。

そこで僕は、21歳になるまで、別の仕事に就いて乗り切ることを考え始めた。まずは居候先の家に近い衣料メーカーの倉庫の求人を見て、仕事をもらうための面接に出かけた。

面接官のおじさんは、僕の顔を見て、こう尋ねた。

「こうした物流の倉庫で働いた経験はあるかね?」

僕が正直に「ありません」と答えると、

「キミは、いくつだね?」

と聞いてきた。「20歳です」と言うと、

「うーん、若すぎるな」

と、うなった。そこで僕は、こう切り返した。

「おっしゃるように〝若い〟からこそ、経験がないんです。でもやる気はたっぷりあります」

それを聞いておじさんは、

「確かに、キミの言う通りだ」

と、うなずいて、僕を雇うことにしてくれた。

数カ月間、その倉庫で洋服の詰まった箱を整理したり、移動させたり、配送したりする仕事を続けた。倉庫には、ある有名メーカーの洋服が保管されていて、工場から届いた新しい製品を整理したり、それらを注文に応じて店舗に届けたりするのが仕事だった。定職を得たおかげで、僕はまた自分で部屋を借りて住めるようになった。

生活が落ち着いたところで、住んでいる地域の文化センターで開かれている、無料の英語教室に通うことにした。ホテルの仕事にもどることを想定してのことだ。ホテルでは、英語ができると上のランクの仕事をさせてもらえる。給料もアップする。もう一度ホテルに就職する日のために、今からスキルアップしておこうと、考えたんだ。

ホテル業の訓練のときには英語レッスンを受けたけれど、それ以外に僕はまともに英語を勉強したことがなかった。ホンジュラスでは中学で英語を学ぶ。でも、僕は1年の途中で敵のマラスに脅されて、学校を辞めざるを得なかったから、英文法に関しては、何も知らないに等しかった。

英語教室では、それこそ簡単なあいさつから始まって、ごく基礎的なことを習い始めた。授業は毎週日曜日の正午から数時間しかなかったので、なかなか進歩しなかった。それでもやらないよりはマシだと割り切って、続けたんだ。

倉庫の仕事は最初、それなりに楽しめた。けれども時間が経つに連れて、単調な作業に飽きてきた。ホテルで働いていたときは、パーティーの内容によって作業が変わったので、かなりクリエイティブなことができたんだ。それに比べて、倉庫では毎日同じことの繰り返しで、退屈だった。それでも給金がよければ、続けたかもしれない。けれど、収入はホテルにいたときのほうがずっとよかったから、あまりがんばる気になれなかった。

給料自体は、ホテルが月4800ペソ（当時約3万円）、倉庫が4000ペソ（当時約2万5000円）だったから、ものすごく違うってわけじゃなかった。でも、ホテルではお客さんからたくさんチップをもらえたから、実際にはひと月で6000ペソ（当時約3万7000円）くらい稼げたんだ。

今考えると、それだけの理由で辞めるべきじゃなかったかもしれない。でも、そのときの僕は、どんな仕事もホテルでの仕事と比較しては、つまらないと思うとやる気を失っていた。深く考えずに辞めてしまったんだ。

仕事を辞めたら、家賃も払えない。蓄えはゼロ。また友だちの家に転がりこむしかない。僕は女友だちの家にもどり、英語教室もやめて、ふたたび仕事探しを始めた。僕にはホテルの仕事のような、接客業のほうが向いているかもしれない。そう思って、友だちの家の近くの大通りに沿ってスケートボードで走りながら、求人広告を探した。いろいろな店が並ぶ通りだ。

するとと運良く、ある店の壁に「やる気のあるウエイター、求む」と書かれた紙が貼られているのが、目に入った。ちょっとシャレたタコス・レストランだ。

タコスとは、トウモロコシのトルティージャに好きな肉や野菜をはさみ、辛いサルサ（ソース）をかけて食べる料理で、メキシコで最もポピュラーな食べ物の一つだ。屋台で売っているものなら、1個5、6ペソ（30、40円）で食べられるし、ちゃんとしたレストランなら、1個15ペソ（90円）以上する。

僕が見つけたレストランは、チレ・グアヒージョなどの唐辛子と酢、パイナップル、にんにく、タマネギなどで味付けした豚肉を、店頭でグリルしたものを具にしたタコス、タコス・アル・パストール（牧童風タコス）の専門店だった。値段は結構高かったけれど、味は最高だったよ。

僕はさっそく店に入ってオーナーに、働きたいと伝えた。こうしてあっさり、新しい仕事が見つかったんだ。

働き始めてしばらくしてから、稼いだお金でもう一度、今度は職場から少し遠い所に部屋を借りた。中心街から離れている分、家賃が安かったからだ。午後1時から夜9時すぎまでの仕事だったから、寝すごして遅刻する心配もあまりなかったし、滑り出しは順調だった。ところが、数週間して、また遅刻のトラブルが始まった。どうやらこの遅刻癖が僕の最大の課題だということに、今さらながら気づいた。どんな職場でも、始業時間を守れなければクビになる。ギャングは別だけどね。

タコス・レストランのウエイターは、倉庫の仕事以上に実入りが悪かった。遅刻癖と低賃金を理由に、1カ月と少しで、自分から辞めることになった。またしても失業だ。家賃が払えなくなった。

ところが今度ばかりは、いつもの女友だちの家にはもどれなかった。彼女が僕に好意を持ち始めていて、僕は年の離れた彼女のことを「いい友だち」としてしか見ていなかったから、これ以上甘えるわけにはいかなかったんだ。かといって、兄さんの所へ行くわけにもいかなかった。まだ仲直りしていなかったし、向こうが勝手に誤解してケンカをふっかけてきたんだから、こちらから歩み寄るのはイヤだった。八方ふさがりで、僕はやけになりかけていた。

路頭に迷うかもしれない……。ぼんやり考えながら、部屋を出るために荷物をまとめていたら、もっとずっと深刻な問題に気づいてしまった。大切な難民認定の書類がどこにもなかったんだ！　部屋じゅう探しても、見つからなかった。僕がメキシコに合法的に滞在していることを証明してくれる大事な書類を、不注意にもなくしてしまった。そう思ったとたん、一気に心が沈んでいった。これではまた、ただの「不法移民」になってしまう……。

考えれば考えるほど、僕は自分が情けなくなってきた。難民認定を受けて以来、トラブルはあったにせよ、NGOに助けられ、勉強をさせてもらい、ホテルへの就職まで支援してもらえた。大都会の華やかな職場で働き、休日には職場仲間とビールを飲み、兄さんとその家族に力を貸すこともできて、僕はある意味、調子に乗りすぎていたのかもしれない。

もともと田舎者のくせに、すっかり都会の若者気分で、たくさんお金を手に入れては贅沢に使うことにばかり、気を取られていた。身のほど知らずで罰が当たったんだ。

僕は、絶望的な気分になるのと同時に、考えることをやめ、何もかも投げ出して故郷を飛び出してきたときのように、ただの旅人にもどろうかと思い始めた。不法だろうが何だろうが、どうでもいい。自由に、どこかあたたかい海辺にでも行って、何らかの仕事を探して食いつなごう。漠然と考えていた。

そんな気持ちを、NGO施設にいたころに知り合った人に何気なくフェイスブックで話したら、こんなアドバイスをくれた。

「以前、一緒に訪ねたスラムの友人を覚えてる？　お昼ご飯をごちそうになった家の。彼女の家には空き部屋があるから、とりあえずそこに世話になれば？　きっと快く迎え入れて、力になってくれると思う」

「スラムの友人」とは、フアナという名の50代の女性で、とても親切な人だった。看護師の資格も持っていて、以前働いていた老人ホームで出会ったという老画家の介護をする仕事を、自宅でしていた。子どもが5人いるんだけれど、一番下の高校生の女の子を除けば、もうみんな独立していて、夫とは別居しているから、広い家に娘と老画家と3人で暮らしていたんだ。だから部屋は空いていた。

アドバイスに心魅かれながらも、僕は少しばかりためらっていた。だって、一度しか会ったことがないのに、いきなり家に転がりこんでいいものか、悩んだんだ。でも、知人が「大丈夫。フアナにはもう伝えてあるから」と言うので、思い切って本人に電話をしてみた。するとフアナさんは、

「ぜひいらっしゃい。部屋なら空いているし、好きなだけいればいいわ。その代わり、

家事も手伝ってね！」

と、あたたかい言葉をかけてくれた。何だか救われた気分になった。

翌日、僕は地下鉄とバスを乗り継いで、メキシコシティ南西部の山の斜面に広がるスラムにある、フアナさんの家に行った。同じスラムとはいえ、そこは僕が生まれ育ったリベラ・エルナンデスよりもずっと整備されている住宅地域だ。けれど、どこかなつかしい雰囲気もある。「家族のいる家」の空気が恋しかった。僕が到着すると、そこにはおいしい昼ごはんが待っていた。家庭の味だ。

思えば、メキシコシティに来てから、僕はずっと施設やアパート暮らしを続けてきた。兄さんたちが来て、やっと家族と住めると思ったら、ケンカ別れするはめになり、どこにいても気の休まることがなかったように思う。でも、フアナさんの家は違った。ほとんど初対面に近かったのに、僕をまるで自分の息子のように迎えてくれて、住む場所も食べ物も与えてくれた。「家庭」というものを、教えてくれた。何より、僕の話に耳を傾けてくれたんだ。親に親らしい対応をしてもらったことのない僕にとって、一番の癒やしだった。

1カ月ほどして気持ちが落ち着いてきた僕は、数カ月ぶりに、兄さんに連絡をとってみることにした。ここに暮らして家族の大切さを思い出したからかもしれない。携帯電話に

フアナさんが住むスラムから見下ろすメキシコシティの風景。彼方に中心街のビルが見える。

＊フアナさんの家のダイニングで。右からアンドレス、フアナさんの介護を受けている画家のフリオさん、フアナさん。

ショートメッセージを送ってみると、向こうも短く返事をくれた。そこでわかったんだ。難民認定の書類は、兄さんのところに忘れてきただけだったということが！　僕には冷静さが欠けていた。

「何てバカだったんだ！」

と、自分にあきれた。

それからは、フアナさんをはじめ、まわりの大人のアドバイスもきちんと気に留めるようにして、自立に向けて人生を立て直していくことにした。焦りは禁物。調子に乗りすぎるのもダメ。やけを起こすのもなし。大幅な遅刻はもちろんＮＧ。本当の意味で、自分の足で歩けるようにならなければ。

15 最悪のクリスマス

メキシコにたどり着いてから、4度目となるクリスマスが近づいてきた。フアナさんは、老画家の介護の仕事以外に、家のすぐ近くで小さな食堂を開く準備を始めた。店舗に必要なテーブルや椅子、調理器具はほぼそろい、あとはメキシコのクリスマスシーズンが明ける1月半ばすぎに開店するだけ、という状態になった。僕もホテルへの就職を果たすまでは、フアナさんの友だちが紹介してくれたペンキ塗りの仕事をしながら、食堂の手伝いもして、お世話になった恩返しをするつもりだ。

そんなある日、NGO施設で唯一のルームメートだったビダルと、久しぶりに会った。ビダルは僕と同い年のエルサルバドル人、中米出身の青年だ。施設で一番年上だった僕たち2人は、3階にあった部屋をシェアしていたので、夜はいつも一緒にすごしていた。彼はちょっと変わったヤツだけれど気が合って、僕たちは友だちになった。2人でいるときは中米なまりで話せたから、安らげたんだ。今使っているスケートボードをプレゼントしてくれたのも、ビダルだ。

久しぶりに街なかで待ち合わせて、公園でスケボーをやった。彼は、メキシコシティのなかでも閑静な住宅街と文化施設、シャレた飲食店が多いことで知られる地域にあるカフェテリアで働いている。けれど、毎日ひたすら規則や時間に追われることに疲れたらしく、「時間を買いたいくらいだよ!」と、愚痴をこぼしていた。

僕たちは2人とも、中米の小さな国の貧しいスラム、いわば田舎育ちだから、派手な都会の生活やそれを維持するお金を稼ぐために時間に追われて働くことに、本来慣れていないのかもしれない。仕事の中身が本当にやりたいことではない場合は、なおさらだ。ビダルは、カフェテリアのウエイターではなく、もっと別の商売がやりいたようだった。人生について語り合える同世代の友だちは今のところ、彼だけだ。

彼は、幼くして両親を亡くし、ずっと他人の家で育ったんだそうだ。ところが、育ての親が亡くなると、行き場を失い、一時は路上暮らしをしていたこともあると、話していた。そのうえ、マラスにも脅されるような状況になって、いっそのことアメリカ合衆国に行ってしまおうと、旅に出たっていう。途中でメキシコの移民局に捕まり、事情を話したところ、僕と同じように難民認定を受けることができたらしい。

ビダルは、さらに「北」へ行くことをあきらめたわけではなく、よく「おまえが一緒に来てくれるなら、また旅を続けたい」と言っていた。でも僕は、メキシコを離れる気はなかった。

実は半年ほど前まで、今度のクリスマスにはメキシコで稼いだお金を持って、ホンジュラスに帰っておじいちゃんとおばあちゃんに会いに行こうと思っていたんだ。というのも、おじいちゃんは僕が国を離れる2年前に脳卒中で倒れてから、体が不自由になり、記憶力も悪くなっているからだ。これ以上ひどくならないうちにもう一度会いたい。それが僕の願いだった。

電話でそう話すと、おばあちゃんは、

「でも今はやめたほうがいい」

と言った。

「今、ウチのまわりにはマラス18がいて、とても危険な状態になっているから、こんな所へおまえがもどってきたら、何をされるかわからない。もうここへもどることは考えないでちょうだい。もし会うのなら、どこか別の場所でないと……」

おばあちゃんは、サン・ペドロではなく、プエルト・コルテスのようにグアテマラとの国境に近い町かどこか、マラスの連中がいない所で会うほうがいいと考えている。

僕は話を聞いて、クリスマスに会うのはあきらめることにした。ホテルを辞めてからはお金もないし、それに21歳になってパスポートを手に入れてからでないと、メキシコへの再入国の手続きが面倒だということも知った。おじいちゃん、おばあちゃんとのクリスマスは、来年以降におあずけだ。でも、何とか2人が生きているうちに、もう一度会いたい。その思いだけは変わらない。

それまでは兄さんの家族とのクリスマスを楽しむことにしよう。そう考えた。というのも、最近になって兄さんが電話で、よかったら一緒にクリスマスを祝わないかと、声をかけてくれたからだ。仲直りのチャンスだ。

メキシコで迎える4度目のクリスマス。僕は、クリスマスイブから翌25日まで、兄さんたちとゆっくりすごすのを楽しみに、ファナさんの家からバスや地下鉄を乗り継ぎ、2時間近くかけて、兄さんの家を訪れた。4年ぶりの「ファミリー・クリスマス」だ。

サン・ペドロでは、クリスマスを迎えるたびに「何とか今年も生き延びた……」と、胸をなで下ろしたものだった。今は、ごく穏やかな気持ちで迎えられる。

と、思っていたのもつかの間、僕は結局その日、メキシコに来てから最もつらい、最悪のクリスマスを迎えることになってしまった。兄さんがまたいわれのない嫉妬心から、クリスマスイブの夕暮れどきに義姉さんを殴りつけ、止めようとした僕を家から追い出したからだ。

兄さんは、義姉さんが僕に優しくするのが、気に入らないようだった。だいたい義姉さんはもう35歳と僕よりずっと年上で、子どものときなんか、ご飯を食べさせてもらったこともあったくらいなのに、兄さんのヤキモチはくだらないとしか言いようがないものだった。それでも本人はおおまじめに嫉妬して、あらぬ妄想を抱いているんだから、手に負えない。弟を信用することすらできないようだ。僕は兄さんのためなら、命がけで何でもする覚悟があるっていうのに……。

夕闇迫るころ、義姉さんと姪に別れを告げ、僕はひとり、クリスマスイブだというのに暗い顔をして、大通りに沿ってトボトボと歩いていた。ファナさんの家に帰るにも、行きの交通費やプレゼント代で所持金は底をつき、乗り物に乗ることもできなかった。何時間かかろうが、歩いていくしかなかった。

何もかもがもう、どうでもよかった。思い描いていた「家族ぐるみのクリスマス」の風景が一変したことに、僕は完全に打ちひしがれていた。

そこへ、一台のタクシーが近づいてきて、僕のすぐそばに止まった。

「乗るかい？」

声をかけられ、僕は何も考えられず、ただ「ええ」と答えて乗りこんだ。

「どちらへ？」

そう聞かれて、初めてお金がないことを思い出し、

「アフスコのほうへ帰りたいんですが、実は僕、もうお金はこれだけしか持っていないんです」

と、運転手に財布の中身を見せた。すると、彼は、

「じゃあ、どうやって遠いアフスコまで行くつもりだったんだい？」

と、不思議そうに僕を見た。

「歩いて行こうと思っていました。だって本当は兄の家族とイブをすごす予定で、アフスコへ帰るはずじゃなかったんで、お金のことまで考えていなかったんです」

僕は、気の良さそうな運転手を相手に、自分の身の上話を続けた。悲しみのあまり、心の内を吐き出さずにはいられなかったんだ。

車は走り出し、そのまま40分近い間、僕は夢中になって昼間起きたことを話した。運転

手は、

「イブの夜に愛する家族のもとを追い出されるなんて、本当に運が悪かったな」

と、心から同情してくれた。お金がないと知りながらも、僕をファナさんの家の前まで乗せてくれんだ。

「良いクリスマスを」

そう言って僕を降ろすと、彼は代金を請求することなく、去って行った。

＊メキシコシティの公園で。アンドレス（左）と姪（１歳）、そしてお兄さん。

僕がドアベルを鳴らして家に入ると、居間にはいつものようにファナさんと老画家が座っていた。２人は驚いた様子で、「ずいぶんと早いわね。今夜はお兄さんのところに泊まるはずじゃなかったの？」と言った。その言葉を聞いたとたん、僕の目に涙があふれてきた。

「僕もそうしたかったんだけど……」

話を聞いてもらいながら、僕は勧められるがままに、２人と一緒にクリスマスイブの夕食をとった。慰められたことで、落ち着きを取りもどすことができた。ファナさんたち「同居家族」に救われたんだ。兄さんとの関係は、また修復しなおさなければならなくなったけれど、兄弟として、家族として、これからもあきらめずに関係を取りもどしていきたいと思う。やっぱり家族は大切だからね。

16 悪夢は続く

僕がメキシコへ来てから、すでに4年半以上の月日が流れた。けれど今も、ホンジュラスやエルサルバドル、グアテマラといった中米のマラスの多い国からは、大勢の子どもたちが、家族のもとを離れ、不法移民としてメキシコへやってきている。マラスの悪業が続いているから、逃げてくる子どもがあとを絶たない。

たとえば僕が住んでいたリベラ・エルナンデスでは、バスト・ロコスを追い出したマラス18による支配が始まったために、以前よりも暴力が激しくなったと聞いている。18は、「税金」の取り立てにしてもバトス・ロコスよりも厳しく、金額も大きい。

僕のおばあちゃんのトルティージャ屋はもう規模が縮小して、大した稼ぎがないことが一見してわかるから見逃してもらっているようだけれど、普通に商売をしている店舗は法外な「税の支払い」を要求されているそうだ。払わなければ、家族の誰かが殺される。あるいは、払わなくて済むように誰かが18に入るしかない。だから、子どもたちは逃げるんだ。

　僕が難民認定を受けてメキシコシティに来たころは、お世話になったNGOが持つ5つの施設に、中米からの子ども移民は男女合わせて数人しかいなかった。施設生活者の大半は、路上暮らしをしていたメキシコ人の子どもだった。ところが半年後、翌年、翌々年と、時が経つにつれて、移民の人数は増えていった。そのため、NGOは1年半ほど前に、中米からの移民少年への支援を専門にする新しい施設を開いた。

　僕のような移民少年は、難民認定を待つ間から、移民局やDIFの施設のようにいろいろな人間でごった返している所ではなく、各自の状況に合わせた支援を受けながら落ち着いて生活できる施設が必要だと、つくられたんだ。施設の開所式には、メキシコ政府の内務大臣が招かれていた。僕も、子ども難民の先輩として出席してほしいと、難民支援委員会から要請された。

　開所式当日、僕はスタッフに案内されて、内務大臣と一緒に施設を見学してまわった。大臣は、街の南の閑静な住宅街にできた広くて清潔で明るい施設と、そこに子どものケアに必要な知識を持つスタッフが十分そろっている様子を見て、とても満足げだった。笑みを浮かべながら、僕にこう話しかけてきた。

NGO「カサ・アリアンサ・メヒコ（Casa Alianza México）」が新たに開設した移民少年専用の施設。

「なかなかいい施設じゃないか。これができたことについて、キミはどう思うかい?」

僕は、すぐにこう答えた。

「正直、手放しに『ああ、よかった!』とは言えません。だって、今この施設が必要とされているのは、僕がこちらに来て3年近く経つにもかかわらず、中米には依然として、僕と同じような状況に置かれつらい思いをしている子どもが大勢いるということに、ほかならないですから」

暴力が生み出す悲劇は、まだまだ続いているんだ。

もちろん、この施設に入ることができた少年たちは、そこでより良い人生を手に入れられるだろうから、本当によかったと思う。でも、この場にいない、同じ支援を必要としているのにそれを受けられない子どもたちは、どうなるんだろう。内務大臣には、そういうことをわかってほしい。

現に僕の故郷ではいまだに、ギャング以外の選択肢を与えられないことによる不幸な出来事が絶えない。

僕が弟を殺したと勘違いして兄さんを脅していたギャングは、兄さんがメキシコへ脱出した後に、麻薬密売で警察に捕まった。彼の弟を殺した真犯人も、今は刑務所にいるらしい。バトス・ロコスで僕たちの地区のリーダーをしていた「ソンブラ（影）」という呼び名の青年も、もう殺されたようだ。年上のマラスメンバーは、つぎつぎと刑務所か死者の世界へと姿を消している。それと入れ替わりに、昔の僕のようなティーンエイジャーが、マラスにリクルートされているんだ。

一旦マラスに関わった者は、そのあとずっと悪夢から逃れられなくなる。バトス・ロコスと縁を切ってからどんなに長い年月がすぎても、僕の脳裏にはまだ、ギャングだったころのおぞましい体験の記憶が、鮮明に残っている。そのせいで、夜中にうなされることも多い。時とともに、回数は減ったけれど、完全にはなくならない。悪夢は、僕がまだその場にいるかのような鮮やかな映像となって、眠っているはずの僕の頭のなかに映し出されるんだ。まるで、僕がリベラ・エルナンデスを離れることができなかったかのように。

目覚めて夢だと気づいたときは、心底ホッとする。でも、マラスメンバーのままの自分を見ることは、たとえ夢のなかであっても、僕の心をざわつかせる。しかも夢の多くは、なぜか実際にあった出来事よりも、ずっと残酷な展開を見せるんだ。

たとえば、仲間がアジトから殺しのために出かけて行くのについて行くと、ターゲットが僕の母さんやおじいちゃん、おばあちゃんだったとか、僕自身がターゲットとして殺されてしまうとか……。

身をもって体験したおぞましい殺人や拷問の風景を、夢で見ることもある。仲間が自分の目の前で殺した人間の顔、苦しむ表情、うめく声なんかにうなされることも。そして、こう後悔するんだ。もしあのとき、見張り役の僕が兄貴分たちにその人が縄張りに来たことを知らせていなければ、彼は、彼女は、死ななくて済んだんじゃないだろうか。僕のせいで、あの人は殺されたんだ、って。

確かに「子ども」だった僕は、上の命令を忠実に守っただけだった。でも、この僕が「見たこと」を知らせさえしなければ、死ななくて済んだ人間は何人もいる。その人たちの死を、僕は一生背負って生きていかなければならない。悪夢を見るたびに、直接手を下さなくても、人の人生を奪うことに加担した罪は深いと感じるんだ。

罪の意識を抱えているから、前にも話したように、これまでに滞在した施設で心理カウンセラーに、過去の出来事や悩みを吐き出すよう促されても、なかなかできなかった。過去が過去として捉えられなかったからだ。

やっと話せるようになったのは、ホテルで働き始め、人生に新たな目的が生まれてからだ。目的が見えて初めて、少なくとも「目が覚めている間」は過去を過去として捉え、「向こうに残してきたもの」として考えられるようになった。

　昔の出来事のなかには、「思い出すのが難しいこと」もある。時間をかけて記憶をたどっていかないとはっきりしないことや、途中で話が飛んでいることがあるんだ。単に注意を払っていなかったからなのか、恐ろしいことだから無意識のうちに記憶を封じこめているからなのか、それとも忘れてしまいたいという罪の意識からなのか、理由はわからないけれど、自分の過去のすべてを受け入れるには、まだ時間が必要なんだと思う。

　記憶を少しずつなぞっていき、自分で書き留めたり、ファナさんのような理解のある大人と話をすることで、いずれはこれまでの自分の人生をきちんと整理し、理解したい。悪夢を乗り越え、罪と向き合って、人の役に立つ人生を送りたいんだ。

17 ギャング団という「居場所」

いろいろあったけれど、僕は幸運だったと今心から感じる。考える機会、よりよい選択肢、新しい居場所を得ることができたからだ。大勢の子どもたちが、それを得られずに苦しみ続けている。苦しみと絶望のなかで人生を終えている子も多い。

小学生時代に、リベラ・エルナンデスでいつもつるんでいた幼なじみの大半はもう、この世にいない。生き残った人間の一部は、麻薬密売や強盗、殺人などで警察に捕まり、塀のなかにいる。あるいは、国内の別の地域に引っ越し、息を潜めて暮らしている。

親友だったルディは、バトス・ロコスへ入るように言われたとき、すぐに家族で東のジョロ県へ引っ越して、難を逃れた。唯一、運に恵まれた友だちだ。

現在サン・ペドロの南西にあるサンタ・バルバラ県に住んでいるネビルは、少し前まで2年間、武器の不法所持の罪で刑務所暮らしをしていた。彼の父親は、僕の父さんととても仲が良かったんだけれど、父さん同様に麻薬の密売人をしていて、ネビルが14歳のときに殺された。

その直後から、ネビル自身も麻薬を使うようになり、僕と同じバトス・ロコスの仲間に入った。でも、僕がホンジュラスを離れたあと、18に鞍替えして、人殺しも請け負うようになった。16歳か17歳のとき、15歳の少女との間に娘ができたんだけれど、結局、妻と娘の面倒はみなかった。ギャング稼業にのめりこんでいったんだ。

妻と娘は、ネビルが刑務所にいる間にアメリカ合衆国へ移住してしまい、彼が出所してきたときにはもう、サン・ペドロにはいなかった。ネビル自身も、自分が殺した相手に復讐されるのが怖くて、逃げるようにサンタ・バルバラへ引っ越したんだ。今はそこで、屋根の建築材をつくる工場でまじめに働いているはずだけれど、どんな思いでいるのかはわからない。

一番驚いたのは、幼いころはいつも聖書を小脇に抱えているような物静かな少年だったダニエルが、ある日突然、ギャングになったことだ。しかも、マラスのなかで最も凶悪な18に入った。信じられなくて、

「なんで?」

と尋ねると、

「いじめられないためだよ」

という答えが返ってきた。彼は、見た目もあまりパッとしなかったうえに家がすごく貧乏だったために、学校でよくいじめられていた。だから立場を逆転させようと、ギャングになる決心をしたんだ。ギャングになれば、少なくとも表面的にはみんながリスペクトしてくれるからね。

ギャングになってからもダニエルは、ガソリンスタンドでも働いていて、結構稼いでいた。いつもいい服を着て、いいバイクを乗りまわし、ガールフレンドをたくさん連れて歩いていた。すべてを手に入れた、ってわけさ。

でも、心の奥底には、まだ自分をいじめた人間たちへの恨みや憎しみを抱えていた。それでギャングを続けて、殺し屋にまで上りつめたんだ。正真正銘のワルになったんだよ。いつ殺されてもおかしくない状況だ。

僕たちが生まれ育ったスラムのような場所では、少年たちがいとも簡単にマラスに入る。リスペクトされたくてギャングになるか、誘われてノーと言えずに渋々なるか、ギャングをやっている父親や叔父、従兄、近所の兄貴分たちに憧れて真似をするか。理由は人それぞれだけれど、結局はそれ以外に選択肢がないかのような錯覚に陥り、ギャング世界へと吸いこまれてゆくんだ。

一度、ギャングになってしまえば、まわりの人々が抱く恐怖心が、ギャング少年たちをいい気分にさせる。単に恐ろしがられているだけなのに、リスペクトされていると勘違いするんだ。僕自身、一時期そんな気分を味わったこともあった。

どんなにひどい集団でも、そこに「居場所」を見いだす子どもはいる。僕の国では、家が貧乏だと、親のどちらかがアメリカ合衆国へ不法移民として出稼ぎに行って、送金で家族を支えるケースが結構あるんだけれど、数年間働いたら帰ってくると告げて行ったきり、二度ともどってこない親もいる。

その一方で、子どもの面倒をみるために国に残ったはずの親も、役目を果たさずに、子どもを放ったらかしていることが多い。僕たち兄弟のように、父親がお酒や麻薬にハマって、そばにいても面倒をみてもらえない子どもも結構いるしね。

親に十分に構ってもらえない、面倒をみてもらえない子どもは、自分が安心できる場所や生きていく方法を、自力で見つけるしかなくなる。そんなとき、マラスは家庭に代わる居場所を与えてくれるってわけさ。皮肉だけれど、親や国が満たしてくれない心の空洞を、マラスの仲間が埋めてくれることになる。いや、埋めてくれているような気分になるということだろう。それが命取りになる。

僕がこうしたことを冷静に考えられるようになったのは、マラスを抜け出し、メキシコで大勢の人たちに助けられ、支えられて、新しい人生を見つけることができたからだ。まだまだ不安なことはあるけれど、少なくとも世の中にはさまざまな生き方があるということ、自分も努力すればそれらを選択できるということを、知った。それが、これまでの人生で一番の幸運だ。

18 新たな人生へ

僕はもうすぐ21歳。ホンジュラスでいう「成人」の年齢になる。21歳になれば、自分でパスポートを取ることができる。僕にとって唯一、正式な身分証明書となるものだ。正式な証明書があれば、自分名義の銀行口座も開けるし、もう一度ホテルへの就職を考えることもできる。そして一流ホテルで働いて、いつかパーティー担当チームのキャプテンを任される！

それが現時点での僕の夢だ。むろん、それまでにまず「遅刻しない習慣」を身につけたり、英語を覚えたり、やらなければならないことはいろいろある。それらを一つずつクリアしていこうと思う。あきらめずに、一歩一歩、前へ進んでいくんだ。

ＮＧＯの施設にいるとき、教えられた。何でもすぐに成し遂げようとすると、うまくいかなかったときにやけになってあとが続かなくなるから、目標は短期的、中期的、長期的の３段階に分けて考えるのがいい、って。時間がかかっても、一つずつクリアしていくことが大切なんだ。

僕の場合、ホテルに就職する準備をすることが短期的目標で、ホテルで仕事を得て、希望するセクションへ配属されることが中期的目標だ。そのあと、ある程度の収入を得られるようになったら、小さくてもいいから自分の家を持ちたい。これが長期的目標だ。

仕事を失っただけで住む場所に困ったり、高い家賃をふっかけられたり、家主の顔色をうかがったりする必要のない暮らしができるようになりたい。将来、自分の家庭を持ったときには、僕の妻や子どもが不自由のない生活ができるようにしたいな。

もう一つ、できればやりたいことがある。僕が体験したことをつづった本を、ホンジュラスの子どもたちに読んでもらうことだ。ちょっとずつ書きためていって、いつかマラスが支配する地域に暮らす子たちに読んでもらいたい。人生には、ギャング以外の選択肢もたくさんあるということや、それを手に入れることは不可能ではないということを、知ってほしいんだ。将来、僕の子ども時代と同じような境遇にいる子どもたちの力になるということは、今の僕にとって、生きていくうえでの大きなモチベーションの一つだ。

どんなにひどい最悪な状況に追いこまれても、自分さえあきらめなければ、新たな道が開ける。僕はそう信じている。

20歳になったアンドレス。メキシコシティの中心街で。

19 日本に住むみんなへのメッセージ

明るい未来がかけらも見えなかったころ、絶望し、自殺を考えたこともあった。幼いときに両親に捨てられて、おじいちゃんとおばあちゃんは愛してくれたけれど、「親の愛」に飢えていた僕は、貧しく暴力に満ちた暮らしが続くのなら、きっと死ぬのも時間の問題だ、と感じていた。

殺したり殺されたりすることが日常茶飯事な場所で、親にも大切にされない人間が生きていることの意味が、よくわからなかったからかもしれない。けれども今は、「生きていてよかった」と、心から思う。

自分の心の痛みを人に聞いてもらい、支えを得ることで、自分の問題の本質に気づき、それとじっくり向き合っていくことができるようになったからだ。たとえ何回挫折してもあきらめなければ、この世界には必ずどこかに自分らしく生きることのできる場所があるとわかった。

日本は治安がいいと聞いているけれど、子どもが自殺したくなるほど、つらいときはあるかもしれない。けれど、そういうときには、思い出してほしい。今は見えていないかもしれないけれど、人生には、本当はいろいろな選択肢があるということを。

そこにはいい選択肢もあれば、悪い選択肢もある。でも、思い切ってまわりの力を借りながら、一つずつ、いい選択肢を選び取り、勝ち取っていくことができれば、やがて人生に自分なりの意味を見いだせるようになる。

それは必ずしも簡単なことじゃないだろう。

僕自身、最初は過去の失敗、麻薬を使うといった悪い選択をしてしまったときのことを思い出しては、何をやってもどうせうまくいかないに違いないと、落ちこんだこともあった。こんなところで生きていても仕方がないと、やけになりかけたこともある。でも、そんなとき、こう考えることにしたんだ。リベラ・エルナンデスのようなひどい環境のもとでも、昨日、今日と生き延びたんだから、今現在ここに生きていることに意味がないわけないじゃないか、って。

日本にも、ホンジュラスほどではないかもしれないけれど、いろいろな悪いヤツがいるだろう。悪い選択から抜け出せない子どもや若者がいるだろう。僕の祖国ホンジュラスの悪い連中、ギャングたちのやることは、本当に冷酷だ。でも、そうした悪人や誤った道、悪い選択肢を生み出したのは、その子たち自身じゃない。大人たちだ。

僕はみんなに言いたい。何でもかんでも年上の人間、大人が言うことや示す道が正しい、すべてだなんて、思ってはいけない。大人の言うことをただ聞くのではなく、自分で考えることを大切にしてほしい。もしまわりから示された道が間違っていれば、それを選ばずに正しい道を探す、あるいは自分の力でいい方向へと変えていく方法を探ってほしい。自分が進むべき道は、自分で創るんだ。そうすれば、人生はきっと生きるに値するものになる。

あとがき

この物語は、私（工藤律子）が、アンドレスにインタビューをして集めた話を、わかりやすくするために説明を加えたり、順序を見直したりしながら、できるだけ彼の言葉そのままにつづったものだ。

少しシャイな表情をしながらも、人懐っこく、時に冷静な目で、18歳のアンドレスは、自分がこれまでたどってきた道を、雄弁に語った。彼に初めてインタビューをしたとき、私は、まるで映画のような話の展開に驚き、彼の人生についてもっと知りたくなった。きっと、このとき話してくれた以上に大変な経験をしているに違いないし、これからもするんじゃないかと、感じたからだ。

アンドレスとの出会いは、２０１４年の夏、私がメキシコで、「中米からの子ども移民」について取材しようと考えたことから、生まれた。

当時、メキシコとアメリカ合衆国の国境地帯には、故郷を離れてひとりで旅をしてきた子どもたちが押し寄せていた。前の年、2013年の10月から14年6月半ばまでに、5万人を超える未成年者が、アメリカ合衆国の国境警備隊に捕まっていた。そのうちの75%が、アンドレスの祖国ホンジュラスと、エルサルバドル、グアテマラの出身者だった。

なぜなのか。それは、これらの国々ではギャング団「マラス」が、子どもたちを暴力の渦に巻き込んでいるからだった。つまり、アンドレスのように、マラスから逃れようと旅に出る子どもが、大勢いたということだ。そう知ったとき、私の頭には、ある光景とともに、一つの疑問が浮かんだ。「もしかすると、最近よくメキシコシティのNGO施設で見かける中米出身の子どもたちのなかにも、マラスから逃げてきた子がいるのだろうか」。

私は、この本の写真を担当したパートナーの篠田有史とともに、1990年代からずっと、メキシコシティの路上で暮らす「ストリートチルドレン」と呼ばれる子どもたちのことを取材している。知り合った子どものなかには、路上生活を抜け出し、NGOの施設で暮らす決意をした子もいる。だから私たちは、毎年のようにそうした施設を訪れており、そこに「中米の子どもたち」がいることに気づいていた。

NGO施設で働く友人に尋ねると、「うちの施設にも、マラスを逃れてきた子がいる」

と教えてくれた。そして紹介されたのが、アンドレスだった。

中米から「北」を目指す子どもたちは、何十年も前からいた。もちろん、大人もだ。大人は２０１４年だけでも、25万人以上がアメリカ合衆国の国境警備隊に捕まっている。捕まらずに不法入国を果たした者、メキシコで移民局に拘束された者、病気やけがで挫折した者、死んでしまった者を含めれば、毎年40万人を超える人々が、不法移民として、中米から「北の大国」へと向かう。

子どもたちはかつて、アメリカ合衆国へ行ってしまった親を追いかけて、あるいは格差の激しい国での貧乏生活を抜け出し、よりよい未来を手に入れるために、「北」を目指したものだ。けれども今はそれだけでなく、アンドレスのように「生き延びるため」、「人殺しにならないため」に、危険な旅に身を投じる。

この事態を前に、アメリカ合衆国政府は一時、人道的立場から、故郷へ帰ると命に危険がある子どもは、不法移民でも受け入れる姿勢を示した。しかし、「南」からの移民を「犯罪者」とみなし、移民全体を排除しようとするトランプ政権になってからは、入国することがとても難しい。だから、どうしても祖国へもどれない者は、アンドレスのようにメキシコの難民支援委員会の助けで、何とか合法的にメキシコに残る手だてを考えなければならないのだ。

アンドレスがメキシコにたどり着いた時期を含む、2013年1月から翌14年6月までの間に、メキシコでは1万人以上の未成年者が移民局に拘束された。そのうち、難民認定を受ける手続きをとり、認められたのは、たったの56人だという。アンドレスは本当に幸運だったのだ。拘束された子どもの8割以上は、難民認定を受ける可能性すら知らされずに、国へ追い返された。

冒険心あふれる少年は、文字通り「降って湧いた幸運」を生かして、ここまで歩んできた。彼がギャングになった経緯やメキシコへ逃げる旅の話は、2016年11月に出た『マラス　暴力に支配される少年たち』（集英社）のなかでも紹介した。だが、この本を書くにあたり、私はさらに何時間もメキシコで彼と話をして、帰国してからもインターネット電話で対話を続けながら、その人生を追いかけた。付き合っていくなかで、いくつか気づいたことがある。

まず、初めてインタビューをした際に話してくれたこと、つまり『マラス』を書いたときに聞いたことと、最近話してくれたことには、ところどころズレがあるということだ。本人にそう指摘すると、「なんでそう言ったのか、わからない」、「そのときはよく覚えていなかった」といった言葉が返ってきた。恐らく、彼自身も触れているように、さまざまなストレスにさらされた状況下での記憶には、曖昧さや思い違いが生まれやすいのだろう。それに、初対面のころと気心の知れた友人になった後では、話をするときの心持ちや頭の働き方も異なるに違いない。

「雄弁な少年」も、もう21歳、ホンジュラスでの成人年齢に達した。だが、アンドレスの心はまだ、その外見や話しぶりほどは成熟していないように思える。頭の回転が速く、言語表現に長けた青年は、物事が思い通りに運んでいるときは、実に賢く立派に振る舞う。だが一旦歯車が狂い始めると、周囲の支えがないと自暴自棄に陥りがちだ。幼いころ、誰かにしっかりと守られ愛された経験がないために、本当の意味での自信が育まれていないのかもしれない。

それでもアンドレスは、まわりに助けを求め、力を借りながら、彼なりに「自分の道」を切り開こうと、もがいている。

「自分が進むべき道は、自分で創る」

彼が「日本のみんな」に送ったメッセージは、彼自身へのエールでもある。

PARQUE RECREATIVO
"RIVERA HERNÁNDEZ"
"Parques para una vida mejor"
HORARIO
ENTRADA
CONVIVE MEJOR
PREVENCIÓN

工藤律子（くどう・りつこ）

1963年大阪府生まれ。ジャーナリスト。東京外国語大学地域研究研究科修士課程の頃から、ジャーナリストとして活動を始める。スペイン語圏を中心に、貧困や格差といった社会問題、歴史や文化を取材している。

著書に、『仲間と誇りと夢と』（JULA出版局）、『ストリートチルドレン』（岩波ジュニア新書）、『マフィア国家』（岩波書店）など。『マラス　暴力に支配される少年たち』（集英社）で第14回開高健ノンフィクション賞受賞。

NGO「ストリートチルドレンを考える会」共同代表。

■写真　篠田有史（＊の写真はアンドレス提供）

■装幀　谷元将泰

■組版　合同出版制作室

■編集担当　齊藤暁子（合同出版編集部）

ギャングを抜けて。

僕は誰も殺さない

2018年6月15日　第1刷発行

著　　者　工藤律子
発 行 者　上野良治
発 行 所　合同出版株式会社
東京都千代田区神田神保町1-44
郵便番号　101-0051
電話　03（3294）3506
FAX　03（3294）3509
振替　00180-9-65422
ホームページ　http://www.godo-shuppan.co.jp/
印刷・製本　新灯印刷株式会社

■刊行図書リストを無料進呈いたします。
■落丁・乱丁の際はお取り換えいたします。

ISBN978-4-7726-1346-0　NDC360　216 × 151